LES LUGUET

Une dynastie de Comédiens

DU MÊME AUTEUR :

VOLUMES

Monologues et Récits, 1 volume.
Galipettes, 1 vol. illust. (choses de Théâtre). Préface de A. Scholl.
Encore des Galipettes, 1 vol. illust., Préface de J. Moinaux.
Toujours des Galipettes, 1 vol. ill., Préface d'A. Silvestre.
Rien que des Galipettes, 1 vol.
Plus que jamais des Galipettes, 1 vol.
Re-Galipettes, 1 vol.
Confetti, 1 vol., monologue, poésies comiques (Visite à l'Abbaye).
Pour Casinoter, 1 vol. (Amour et Comédie, 1 acte ; Le Quatorzième, 1 acte ; Les Drois de la Femme, 1 acte ; Pas présente, saynète ; Une Vocation, l'Existence. Monologues, etc.)
Théâtricule, 1 vol. (La soirée Bourgeois, 1 acte ; L'Escalier de service, 1 acte ; Monsieur Mansuet, 1 acte ; Nénest et Jaja, 1 acte ; Capsule, 1 acte ; Les Étrennes d'Édouard, 1 acte ; Le Lézard, 1 acte).
La tournée Ludovic, 1 vol., mœurs théâtrales.
Petits vers sur de grands mots, 1 vol. de vers.
Les Luguet, 1 vol. illustré.

THÉATRE
(Seul ou en collaboration)

Charmante Soirée ! comédie en 1 acte (Mathurins).
Ne coupez pas ! comédie en 1 acte (Déjazet).
Madame l'Avocat, comédie en 3 actes (Athénée-Comique).
Divorce et Dynamite, comédie en 1 acte (Renaissance).
Ma Bonne, comédie en 1 acte (Renaissance).
La Poire en deux, saynète à deux hommes.
Douleur, duo lacrymatoire à deux hommes.
La Correspondance, comédie en 1 acte (Vaudeville).
Monsieur la Pudeur, vaudeville en 3 actes (Cluny).
La Caroline, vaudeville en 3 actes (Casino municipal de Nice).
Le Singe de Dindonnette, 1 acte (Capucines).
La Mémoire des Dates, 1 acte (Grand-Guignol).
Presque Frères, 1 acte (Variétés).
Aux autobus de la Trinité (Capucines).
Do, ré, mi, fa, sol, 1 acte (Théâtre Grévin).
Le Candidat Laripette, 1 acte, 2 tableaux (Théâtre Moderne).
Pour une bouffée de tabac, monomime (Théâtre Bodinier).
Une Soirée chez M. le Sous-préfet, monomime (Théâtre Bodinier).
Pierrot confesseur, pantomime, 3 actes (Théâtre Bodinier).
Agence dramatique, 1 acte (Théâtre Bodinier, Casinos).
Ballerine et Ballerin, 1 acte (Renaissance).
Le Muet, opérettomime (Bodinier).
Bonne récompense, 1 acte (Fantaisies-Parisiennes).
En Tournée, 1 acte (Casinos).
Mariage par procuration, 1 acte (Théâtre Michel).
La Guerre en pantoufles, 1 acte (Casinos).
Nous allons passer une bonne soirée, 1 acte.

PROCHAINEMENT :

Un malheur n'arrive jamais seul, 1 acte (Théâtre impérial).
Rigobert s'amuse, 1 acte (Bobino).
Pour lire en aéro, 1 vol.

ACTEURS ET ACTRICES D'AUTREFOIS
Documents et Anecdotes
publiés sous la direction de M. LOUIS SCHNEIDER

LES LUGUET

Une dynastie de Comédiens

PAR

Félix GALIPAUX

LIBRAIRIE FÉLIX ALCAN
108, BOULEVARD SAINT-GERMAIN, PARIS

1929

IL A ÉTÉ TIRÉ DE CET OUVRAGE :

100 exemplaires sur papier Lafuma pur fil,
numérotés de 1 à 100.

CHAPITRE PREMIER

La Malaga. — Luguet Michel. — Joséphine Luguet, sa femme, — Présentation de la famille.

Dans *Doit-on le dire?* cette petite merveille de Labiche, Gargaret, sous les espèces du comédien Hyacinthe, répétait à chaque instant cette phrase, devenue légendaire :

— Quelle famille ! mon Dieu ! Quelle famille !

Quelle exclamation eût-il poussée, ce joyeux personnage, s'il avait connu la dynastie des Luguet qui remonte au XVIIIe siècle !

Jamais, en effet, smala plus nombreuse ne foula les planches théâtrales ! Il va de soi que nous n'avons pas l'intention, en entreprenant le récit de ces existences d'artistes, de relater, sans en omettre, le nom des villes où ils séjournèrent, celui des théâtres où ils parurent, les créations qu'ils firent ou simplement les rôles qu'ils jouèrent. Ce serait là une énumération sèche, monotone, qui n'aurait qu'un intérêt relatif pour le lecteur.

Non, nous avons voulu tout bonnement consigner quelques-uns des incidents fantaisistes, pittoresques, voire émouvants, qui parsemèrent la longue route de cette vaillante famille de comédiens.

Essayons donc de nous frayer un chemin à travers cette foule familiale.

Tout d'abord, il y eut la célèbre danseuse de corde, connue sous le nom de *la Malaga,* nom qu'elle emprunta évidemment à sa ville natale.

C'était dans une salle située sur le boulevard du Temple, à côté du théâtre des Délassements Comiques qu'avaient lieu ses exercices avec ou sans balancier, salle qu'elle dénomma modestement peu de temps après : Théâtre de la Malaga.

« Rien n'était plus joli, plus gracieux, écrit Charles Maurice (1) que de la voir déployer ses grâces, ses jolis bras pliant sous le balancier et fasciner de ses regards les amateurs dont pas un ne pouvait se dire le préféré. A chaque séance, précédée de la parade, Mlle Malaga venait se montrer sur ces planches en plein vent, dans un costume pailleté, presque toujours rouge, généreusement décolleté et très favorable à l'éclat de son teint de blonde. Aucun de ces spectacles de banquistes installés au boulevard du Temple ne faisait autant d'argent qu'elle. »

Aussi, se retira-t-elle, assure-t-on, avec plusieurs centaines de mille francs d'économie... que lui mangea

(1) *Histoire anecdotique du théâtre.*

son mari, joueur enragé, qui ne l'avait épousée que pour sa fortune.

On peut s'en étonner ; mais le métier de danseuse de corde nourrissait bien sa femme — et même son homme, en ce cas particulier — puisque la Saqui, rivale de la Malaga, acheta sur ses gains, paraît-il, le château de Voltaire, à Ferney. Le célèbre écrivain ne se doutait guère que son château appartiendrait, un jour, à une danseuse de corde.

Elle avait comme « aboyeur » le fameux pitre Rousseau qui, par son aimable bonne humeur, contribuait fort à la prospérité du théâtre, pendant les belles années de l'Empire; Rousseau, qui était à la fois Turlupin, Polichinelle, Mascarille et Falstaff, Rousseau dont la figure bourgeonnée éveillait à elle seule la gaîté des passants qu'il attirait par un refrain burlesque :

C'est dans la rade de Bordeaux
Qu'est arrivé trois gros vaisseaux...

La Malaga fut pendant un temps associée avec Rose. Collaboration attractive : d'un côté, la fantaisie et la hardiesse; de l'autre, les traditions de la danse noble.

Rose et Malaga ! deux noms qui furent célèbres : Rose renouvelait les exploits de la « belle Tourneuse », à la foire Saint-Laurent : elle se piquait des épées au coin des yeux et tournoyait pendant un quart d'heure avec une telle rapidité que le public en éprouvait le vertige.

Ou bien, elle se faisait hisser sur un vaste plat, recroquevillée comme un pigeon à la crapaudine et, soudain, reprenant sa forme gracieuse, se livrait à d'étonnants exercices.

Mais Rose, bien que possédant plusieurs cordes à son arc, s'inclinait volontiers devant l'art supérieur de son amie. La Malaga se montra pour la dernière fois à la fête donnée à Versailles en l'honneur des souverains coalisés. Une partie du spectacle se composait de l'ascension de deux danseurs (homme et femme) sur deux cordes parallèles tendues au-dessus de la pièce d'eau des Suisses. L'homme perdit l'équilibre et se tua ; plus adroite, la Malaga, car c'était elle, après avoir chancelé et quitté la corde, la saisit et resta suspendue par une main à deux cents pieds au-dessus du lac, pendant plus de vingt minutes que l'on mit à aviser aux moyens de sauvetage. L'intrépide et courageuse femme garda, toute sa vie, la marque de la corde qui lui avait, ainsi qu'un fer rouge, brûlé tout le dessous de la main droite.

Devenue une bonne vieille, la Malaga habitait dans le quartier du Panthéon un très médiocre logement. Une fois par semaine, elle allait voir Marie Laurent, sa petite-fille, qui la reconduisait jusqu'à la station d'omnibus, en lui glissant dans la main les six sous du prix de la place. La Malaga feignait de monter dans la voiture ; mais avant que le conducteur eût eu le temps de sonner, elle en redescendait vite et faisait le trajet à pied pour économiser cette humble somme.

La vieille funambule mourut en 1852 à quatre-vingts ans passés d'une mort enviable. Elle venait de rentrer chez elle ; elle se sentit tout à coup très lasse, s'assit dans un grand fauteuil à oreillettes et, appelant une voisine, lui demanda un verre d'eau. Elle en but quelques gorgées.

— Ah ! que je suis bien ! dit-elle, comme en extase.

Elle répéta, semblant suivre une vision :

— Comme c'est beau !

Puis sa tête retomba. Elle avait fini de vivre.

Le sort lui devait peut-être, en compensation des années de misère qui avaient suivi ses anciens succès, ce suprême sommeil dans une sorte de félicité.

Peu de temps avant sa mort, on s'était occupé d'elle à l'Académie de médecine ; elle présentait un cas fort rare : ses dents, dans une mâchoire dégarnie par l'âge, s'étaient mises à repousser !

Numérotons, pour nous amuser, les membres de cette dynastie qui furent au théâtre. La Malaga (1).

Luguet Michel (2), de son vrai nom Bénéfand, chef de cette innombrable famille. Acteur et directeur nomade, il allait vers 1822, de Brive à Tulle, transportant sa boîte à maquillage de Figeac à Aurillac... les grandes villes, quoi !

Circonstance qui ne manque pas de pittoresque,

Luguet, habitué à planter sa tente un peu partout, au hasard de ses randonnées, joue à Tulle dans l'ancien local de la Cour d'assises.

Evidemment, s'il y interprétait un vaudeville folâtre, l'ambiance ne devait pas y être, le décor n'incitait pas à la gaîté ; mais cette supposition est peu probable, Michel Luguet étant supérieur dans le drame.

Joséphine Sextidé (3) — nom emprunté au calendrier révolutionnaire — fille de la Malaga, donc, de race espagnole, femme du précédent. Malgré un embonpoint gênant, jouait la comédie avec goût. Elle suivit vraisemblablement son mari dans ses expéditions théâtrales et ne laissa pas une trace ineffaçable de son passage dans le monde artistique. Elle termina sa carrière en jouant les duègnes aux Variétés. Cependant, elle a droit à la reconnaissance des amateurs de théâtre, car c'est elle qui découvrit et fit engager José Dupuis, le merveilleux ténor comique.

M. et Mme Luguet étaient donc deux comédiens d'arrondissement, comme on disait alors, qui, malgré leur intelligence et leur talent, ne réussirent pas à se créer une situation fixe à Paris — rêve de tous les artistes !

Ce couple fut fécond puisque quinze enfants lui durent la vie. De ces quinze enfants, cinq seulement vécurent. Ne nous occupons que d'eux qui, tous comédiens, marquèrent à des degrés divers : René, Henri, Eugène, Marie et Eugénie... ce qui nous donne 4, 5, 6, 7, 8. Huit !, et, comme lançait de sa voix claironnante le chanteur de café-concert Henri Plessis : *c'est pas encore fini !*

Chronologiquement nous avons René Luguet, né en 1813.

Jean-Barthélemy Luguet, dit Henri, né en 1821.

Eugène Luguet né vers 1824.

Marie Luguet, qui devint par la suite Marie Laurent, née en 1825, et Eugénie Luguet.

Sur le compte de René Luguet que nous connûmes personnellement, il faudra nous étendre longuement. Passons donc tout de suite à ses frères et sœurs.

CHAPITRE II

Henry Luguet. — Ses enfants : André, Pierre, Eugénie, Maurice. — Son petit-fils : André Luguet.

Henri Barthélemy Bénéfand, dit Luguet, naquit dans la contrée des truffes, à Périgueux, en 1821.

Il avait onze ans lorsqu'il vint à Dunkerque dans la troupe d'enfants Castelli, troupe dont il faisait déja partie depuis quatre ans. Ah ! on commençait jeune dans cette famille ! A Nancy, il retrouva son frère René qui l'enleva de force de cette serre chaude, le contraignant à partager avec lui les hasards de son existence vagabonde.

C'est pendant qu'il jouait avec sa sœur, Marie Laurent, à Rouen, au Théâtre Français (qu'on appelait « Théâtre des Eperlans » à cause de la proximité du vieux marché) que le pays lui rappela son devoir de patriote. Déjazet, la délicieuse et célèbre comédienne, alors dans tout l'éclat de sa gloire, à ce moment en représentation au pays de Corneille, organisa, à son insu, un spectacle de gala pour racheter le jeune Henri Luguet du service militaire. Et elle ne le connaissait même pas !

De ce joli geste de générosité, qui ressemble bien à

l'exquise Frétillon, avait découlé une amitié que, seule, la mort put rompre.

Ce fut sur les conseils de sa vieille amie qu'Henri Luguet vint à Paris en 1846. Engagé, tout d'abord, à l'Odéon, il passa par l'ancien Vaudeville, celui de la place de la Bourse, et entra à la Porte-Saint-Martin. Il appartint à cette célèbre troupe de drame dont les plus illustres représentants furent Frédérick Lemaître, Bocage, Mélingue, etc., etc. Entre temps, Henri Luguet épousait, en 1852, à Paris, Mlle Marie Amélie Augustine Daudel, fille de Daudel, ex-artiste des Variétés, ancien régisseur général du Théâtre impérial français de Saint-Pétersbourg, et, au moment du mariage, régisseur général de la Porte-Saint-Martin.

Mme Henri Luguet, qui avait passé toute son adolescence à Saint-Pétersbourg où elle avait reçu une brillante éducation, parlant plusieurs langues, musicienne consommée, n'a jamais fait de théâtre, se contentant de donner huit enfants à son mari et d'être la plus tendre des épouses, la plus dévouée, la plus intelligente des mères. C'était une femme qui s'effaçait volontairement, qu'on ne voyait nulle part et dont les rares qualités ne se révélaient qu'à un petit nombre d'amis. Elle mourut en 1900, âgée de soixante-treize ans.

En 1864, fut-ce ennui de Paris ? besoin de changer d'air ? nostalgie du déplacement ? Henri Luguet partit pour Saint-Pétersbourg. Artiste et administrateur du théâtre Michel, il fit dans cette blanche ville un long séjour : quinze ans, 1864 à 1879. Le tsar Alexandre II aimait ce comédien, causeur spirituel, homme du monde, et en avait fait son lecteur. De retour en France, après plus de quinze ans d'absence, Henri Luguet prit la direction du Théâtre Français de Bordeaux où il intéressa les artistes à son exploitation (1879-1881).

On l'entrevit au Gymnase en 1881; mais, piqué de la tarentule directoriale, il présida aux destinées du théâtre Déjazet pendant la saison 82-83. Il eut la chance de monter là deux pièces à succès : *Nos fils*, de Cadol, et *La Bamboche*, de Vast-Ricouard qui lancèrent définitivement un comédien et une comédienne jusque-là connus seulement en province (elle, à Bordeaux ; lui, à Lyon, sa ville natale) et que Koning, directeur du Gymnase, s'empressa d'engager. Depuis, ils firent une jolie carrière! Ce sont mes chers, mes excellents amis, l'incomparable duègne Daynes-Grassot, morte, il y a deux ans, doyenne des comédiennes, et le charmant Georges Noblet, retiré aujourd'hui à Monte-Carlo, où le ruban rouge vient de lui être envoyé.

Hélas ! les artistes, à de très rares exceptions, n'ont pas le sens du commerce ; ils n'entendent rien aux affaires et ne devraient donc jamais en faire. Comme beaucoup de ses camarades qui perdirent leurs capitaux, si péniblement gagnés, dans des directions difficiles, hasardeuses, Henri Luguet dirigea une scène bruxelloise et engloutit sa fortune dans cette malheureuse exploitation. Auteur dramatique, Henri Luguet fit représenter plusieurs pièces, notamment le *Père Chasselas*, au théâtre du Château-d'Eau. Il versifiait agréablement, et personne ne lui avait appris à lire !

J'ai connu Henri Luguet, et suis heureux de cette occasion de pouvoir raconter un trait tout de délicatesse qui montre l'esprit large, la franche droiture de ce parfait galant homme.

Combien de fois avons-nous entendu clamer avec une légère teinte de mépris dans l'intonation :

— Tous les comédiens sont des cabots ! ils ne peuvent se sentir les uns les autres... tous se « débinent » à qui mieux mieux.

Les comédiens se débinent !

Certes, nous n'ignorons pas que parfois ils se jugent sans bienveillance, mais acceptons ce verbe. Si les comédiens se « débinent », tant mieux ! Cela prouve qu'ils aiment leur art, leur métier, si vous voulez, avec passion. Et aimer, adorer son métier est une chose sacrée, qui devient malheureusement, de nos jours, de plus en plus rare.

D'abord, le débinage n'est pas tout à fait la jalousie... c'est simplement une forme de l'émulation et où il n'y a pas émulation, le progrès fait faillite. Puis, le débinage — puisque débinage il y a — n'est pas une spécialité de l'acteur, il s'en faut !

Il grimpe ou dégringole tout le long de l'échelle sociale. On ne voit que lui partout.

Avez-vous souvent entendu un avocat louer la plaidoirie de son confrère ? un médecin approuver l'ordonnance de son collègue ? un capitaine se réjouir de l'élévation en grade de son camarade ?

Le perruquier de village auquel vous confiez votre chevelure pour qu'il la « rafraîchisse » ne vous dit-il pas :

— Eh ! mon pauvre monsieur, qui vous a massacré de la sorte ?

Non, non, nous ne sommes pas plus « débineurs » que les autres ! seulement il est impossible à un comédien d'émettre son avis sur un camarade si cet avis n'est pas complètement flatteur !

Malheur à lui si, dans son appréciation sur ledit camarade, il risque la moindre réticence... l'imbécile devant qui il a cru pouvoir dévoiler franchement le fond de sa pensée, s'en va, pensant : quel débineur !

Mais revenons à nos moutons, mes moutons; c'est Henri Luguet. Henri Luguet donna, un jour, une preuve incontestable de son admirable honnêteté... c'est à dessein que j'emploie ce grand mot qui est exactement celui qui convient, en la circonstance. Jugez-en : mon ami Louveau qui se fit appeler Samuel sous prétexte qu'avec un nom juif « il arriverait » plus vite, adorait le théâtre.

Jouer la comédie avec cet autre amateur, Georges Feydeau, au *Cercle des arts intimes,* qu'il présidait, ne lui suffisant plus, il prit la direction de la Renaissance et ouvrit son théâtre avec l'*Amazone,* quatre actes de Pierre Decourcelle et Ferdinand Bloch.

Un de mes camarades jouait là-dedans un jeune gommeux, comme on disait alors, de Maubersac. Le rôle bien venu faisait un effet énorme, tous les mots portaient avec exagération ! La pièce ennuyait tellement le public qu'il semblait heureux de saisir au vol les occasions de rire et « le comique » de la pièce en profitait.

Celui-ci était dans sa loge, en train de s'habiller pour le quatrième acte, lorsque Henri Luguet vint le trouver.

— Mon cher enfant, vous le savez, j'ai cette réplique à dire tout à l'heure... elle est très drôle, puisque aux répétitions, chaque jour, elle amusait nos camarades... eh! bien, dans ma bouche de vieille baderne elle passerait inaperçue... puisque le moindre de vos mots porte, dites-la donc à ma place... je suis sûr que lancée par vous, elle fera un énorme effet.

Eh bien ! j'en appelle à ceux de mes camarades qui liront ces lignes ; qu'ils cherchent dans leur mémoire un fait similaire... je serais bien étonné s'ils le trouvaient. Cet excellent homme mourut en 1888, à soixante-sept ans.

Parlons de sa progéniture :

Henri Luguet eut huit enfants dont quatre seulement vécurent.

André, mort à quinze ans.

Pierre, comédien (9), homme de lettres, mort à quarante-sept ans, sans enfant.

Eugénie, femme de lettres, sans enfant.

Maurice (10).

J'avais écrit à Maurice Luguet, depuis plusieurs années hivernant à Marseille, pour lui demander quelques renseignements sur sa famille, lui disant : « Afin que mon petit travail soit complet, j'ai bien l'intention, suivant l'ordre chronologique, de parler de toi ; sois donc assez aimable de me donner des détails sur ta propre carrière. »

Il m'a répondu une lettre si gentille que je ne veux pas vous en priver, persuadé qu'il se racontera mieux que je ne l'eusse fait moi-même et que vous goûterez fort ces lignes modestes et spirituelles :

8 avril 1926.

Mon cher et vieil ami,

Puisque tu juges utile d'ajouter au panthéon que tu te proposes d'élever à la mémoire des Luguet, une pierre où soit gravé mon nom, je me décide à te fournir les documents que, dans un sentiment de modestie trop justifié, je m'étais abstenu de faire figurer au nombre de ceux que je t'ai donnés déjà.

Je fus et suis encore si peu de chose au théâtre qu'en parlant de moi-même, j'ai toujours peur de ressembler à ces oies qui s'en allaient criant : « Vous savez, c'est nos ancêtres qui ont sauvé le Capitole ! » et à qui les passants répondaient : « Possible ! mais vous n'en êtes pas moins des oies. »

Mais puisque tu l'exiges, allons-y !

Je suis né en 1857, boulevard du Temple, 25. On ne peut être plus parisien.

Pendant que ma mère me mettait au monde, l'enterrement de Béranger passait sous ses fenêtres ; il y avait des bagarres et les sergents de ville à bicorne du second empire dispersaient les manifestants à l'aide... de ces arguments dont chez ces vigoureux représentants de l'autorité la tradition ne s'est pas perdue.

Mon apparition dans la vie, effectuée dans de telles circonstances aurait pu me donner des goûts révolutionnaires ; il n'en a, Dieu merci ! rien été et j'ai toujours eu au contraire l'aversion la plus prononcée pour les violents et les braillards.

Mon enfance fut celle de tous les enfants de comédiens. A trois ans, j'assistais, un jour, dans une loge à une représentation du *Gamin de Paris* où l'illustre Bouffé avait pour partenaire mon père Henri Luguet dans le rôle du général. Ma mère, qui me tenait sur ses genoux, m'a raconté, qu'impatienté de le voir attablé devant un déjeuner auquel il ne touchait pas, je m'écriai d'une voix perçante :

— Mais, père, prends donc ton chocolat !

Ce sont là mes débuts au théâtre. Il en est de plus glorieux, mais non de plus originaux.

Mon père, avait pu, plus heureux que ses propres parents, nous faire donner une bonne instruction. Au sortir du lycée, il voulut m'éloigner du théâtre, de ce théâtre où il y a tant d'appelés et si peu d'élus. J'entrepris des études de chimie, aux cours du Conservatoire... des arts et métiers. J'exerçai dans un laboratoire d'analyse et à la fabrique de matières colorantes Poirier, à Saint-Denis.

Résultat : je me retrouvai après mon volontariat d'un an...

jeune amoureux et secrétaire du Théâtre Français de Bordeaux, dont mon père était directeur et où je t'ai connu... il y a de cela... n'insistons pas. Depuis, mes avatars furent plus nombreux que ceux de Vishowa lui-même : après deux années bordelaises, je débutai à Paris au théâtre Déjazet que mon père avait rendu à sa première destination... la comédie.

A la première épreuve, Koning m'engagea en même temps que notre vieil ami Noblet et notre regrettée Daynes-Grassot. Je ne suis pas monté, comme eux, au firmament artistique, j'ai tenu une place modeste et honorable, je crois, au Gymnase, au Vaudeville, chez Sarah-Bernhardt, au Parc de Bruxelles, au théâtre Michel de Saint-Pétersbourg où je bénéficiai des souvenirs excellents qu'y avaient laissés mon père et ma tante Vigne. J'ai appartenu quatre ans à la Comédie-Française, sous le nom d'Allioux.

J'ai été impresario (atavisme). J'ai eu avec Moncharmont, la première tournée du fameux *Cyrano*. La fortune, après m'avoir caressé de son aile inconstante (je parle comme André Chénier) m'a ensuite quelque peu cassé les reins. J'ai repris le collier, armé de philosophie. Je joue encore de temps en temps. Je suis professeur et conférencier... à Marseille. Je suis content de mon sort, ayant un fils qui marche à la gloire André (11) et des petits-enfants que j'adore. Ce fils que, par une coïncidence singulière, j'ai tout fait pour éloigner du théâtre, reste et restera ma meilleure création.

J'allais oublier de dire que la mère de mon fils (ma première femme) était Mlle Laîné, de la Comédie-Française (12), sœur de Mme de Féraudy. Je l'ai perdue jeune, trente-six ans. Je me suis remarié et suis veuf de nouveau. Et voilà !

Je te serre la main affectueusement.

Maurice Luguet.

CHAPITRE III

Eugène Luguet. — Mme Eug. Luguet, sa femme. — Eugénie Luguet. — Marie Luguet.

Eugène Luguet, frère de René et Henri, fut un jeune premier de mérite, puis un premier rôle.

Comme son frère Henri, lui aussi fut atteint de la tarentule directoriale. Après avoir « dirigé » à Lille, Saint-Pétersbourg et Lisbonne (les comédiens possèdent tou à fond l'art de faire une malle), Eugène débuta au Gymnase dans le *Demi-monde*, dans le rôle créé par Berton père. Il resta boulevard Bonne-Nouvelle trois ans, puis alla en 1852 aux Délassements comiques, d'où il porta ses pas — en chemin de fer, bien entendu — vers Berlin.

Il y séjourna de 1867 à 1874.

A ce sujet, René qui ne badinait pas plus avec ses parents qu'avec les étrangers — car, ce joyeux drille comme on disait à son époque, était plutôt vif et coléreux — René ne pardonna jamais à son frère d'être retourné après la guerre de 70 diriger un théâtre en Allemagne.

Aussi, Eugène, en retour stipula nettement — de vive voix ou par écrit ? — qu'il ne voulait pas, s'il mourait avant René, que celui-ci vînt à son enterrement.

Il cessa de vivre avant le solide René et le triste jour de la cérémonie religieuse, Henri voyant arriver son frère lui dit, en lui montrant la porte : N'entre pas !

Mais, comme en dépit du silence respectueux qu'imposait le saint lieu, René allait s'emporter, Céline Chaumont le calma avec ces mots :

— Offrez-moi votre bras, Luguet, pour entrer à l'église.

Mme Eugène Luguet (12) comédienne également, jouait avec son mari à Lille en 1849-50.

Mlle Eugénie Luguet, sœur de Henri, René, Eugène et Marie, débuta comme seconde chanteuse et « mère Dugazon », en province, en 1853; puis, délaissa le chant pour la comédie. Deuxième premier rôle de drame, elle débuta à la Porte-Saint-Martin dans *Le Gentilhomme de la Montagne.*

« Organe puissant, talent énergique », disent ses biographes. Elle épousa un commerçant avignonnais du nom de Vigne et sous ce nom fit sa carrière à Saint-Pétersbourg.

Très appréciée en Russie, elle eut de magnifiques funérailles auxquelles assistèrent le consul de France et le directeur des Théâtres impériaux qui conduisaient le deuil avec Vizentini.

Et maintenant voici Marie Luguet qui, née en 1827, mourut en 1904, après avoir pendant cette longue existence occupé au théâtre une situation prépondérante sous le nom de *Marie Laurent.* Marie Laurent fut en effet l'illustration de la famille dont Marie Dorval — dont nous parlerons plus loin — fut la gloire éblouissante.

Marie Laurent

Quelle carrière extraordinaire fut celle de cette grande artiste ! Les hasards de l'existence nomade que menaient ses parents la firent naître à Tulle (Corrèze) le 25 juin 1825. Elle fut nourrie et poussa au Glandier, le domaine rendu célèbre par le procès de Mme Lafarge. Curieuse coïncidence ! cette enfant, cette petite Marie Allioux Luguet, qui devait pendant sa longue existence, jouer le drame, venant au monde sur le carré de terre tragiquement illustré par une empoisonneuse ! Marie était la treizième enfant et la première fille de cette nombreuse famille, ce qui lui valut le surnom bien mérité de Désirée.

Les temps étaient durs, les charges de famille pesaient lourdement sur eux, mais ils ne perdirent ni courage ni gaîté et bravement élevèrent leurs enfants, à travers tous leurs voyages.

On ne saura jamais à quel point la misère rend inventifs les gens qui en sont accablés et ce que peut imaginer un père de famille pauvre quand il veut nourrir et élever ses enfants dans l'honneur et la vertu. Je ne crois pas m'avancer beaucoup en affirmant que de tous les hommes dénués d'argent, c'est l'acteur inconnu qui a le plus de mérite à « s'en tirer ». Dans n'importe quel métier un costume suffit à un individu pour exercer sa profession; le comédien, lui, doit posséder une garde-robe, si modeste soit-elle, sous peine de rester sans engagement.

Aussi, ai-je toujours professé un grand respect, une admiration profonde pour les camarades infortunés qui, fiers, dédaigneux des honteux expédients, trouvaient le moyen, grâce à leur courage invincible, à leur esprit industrieux, de se tirer des embûches dont notre difficile carrière est pleine et cela sans traîner un visage lamentable et piteux.

En écrivant ces mots, je me souviens tout à coup d'un excellent homme que je pourrais nommer... si j'étais sûr qu'il ne lira pas ces lignes... bien que ce que je vais raconter n'ait rien de déshonorant pour lui — il s'en faut !

Mon ami Michel, appelons-le par son prénom, dirigeait un théâtre de province. Il me demanda, un jour, d'aller lui donner une représentation de la pièce que je venais de créer à cette lointaine époque : *Le Voyage au Caucase.*

J'arrivai dans sa ville vers deux heures de l'après-midi pour « raccorder » avec sa modeste troupe.

A l'issue de la répétition, il me demanda de lui faire le plaisir de partager son dîner. Je déclinai d'abord l'invitation, pour lui éviter les quelques petits frais qu'il aurait cru devoir faire, mais il insista de façon si pressante qu'il n'eût pas été gentil à moi de refuser plus longtemps. J'acceptai donc. Son appartement se composait d'une seule pièce qui lui servait en même temps de chambre à coucher, cuisine, salle à manger, cabinet directorial et — grâce à un carreau de la fenêtre remplacé par un papier mobile faisant ainsi office de guichet — de bureau de location. La porte donnait naturellement sur la rue. Cette pièce était mitoyenne de l'entrée des artistes.

Je m'assis entre les deux époux (car Michel était marié) ayant en face de moi leurs deux enfants. Comme, à un certain moment, je regardais avec curiosité un énorme coffre accoté au lit conjugal...

— Ah !... ça vous intrigue ! savez-vous ce que c'est que ça ?

— Dam ! je pense que c'est une malle.

— Une malle-berceau.

Et se levant, il alla, pour m'édifier, soulever le couvercle et abattre la cloison du bahut, je vis, en effet, à la place des compartiments... deux couchettes pour bébés.

Evidemment, comme confort, ça ne valait pas un lit de milieu, n'empêche que j'en aurais pleuré d'admiration.

Mais revenons à notre héroïne.

Comme tous les enfants de la balle (étrange expression ! une balle n'a pas d'enfants !) la petite Marie débuta à un âge plutôt tendre : à trois ans.

Oui, en 1828, donc, elle parut pour la première fois sur les planches non balayées d'un théâtre départemental, à Rouen, dans *Paul et Virginie,* drame du temps. Elle n'oublia jamais ce début qui lui valut un succès — et une peine.

Elle jouait en cette élucubration (était-elle de toi, ô Pixérécourt ?) une petite — naturellement — orpheline qu'on conduisait en scène par la main. C'était un rôle muet. Un bon vieillard, à barbe blanche, lui adressait une question à laquelle devait répondre la personne qui l'accompagnait, mais la débutante trouvait sans doute cela injuste et quand le bon vieillard lui demanda d'un air attendri :

— Enfant, as-tu un père ?

Elle répondit d'une voix claire.

— Oui, c'est m'sieu Luguet.

L'effet fut prodigieux.

Mais si le public était ravi, le directeur, lui, ne partagea pas sa joie. Cette première apparition resta sans lendemain.

Hélas ! on ne peut pas dire que la jeunesse de cette petite qui devait devenir la grande Marie Laurent se passa dans l'aisance et la gaîté !

En 1834, une sœur, Eugénie, lui advint.

Elle en fut la gardienne pendant que leur mère allait répéter ou jouer. Après avoir « fait » durant trois années Dunkerque, Douai, Calais, Valenciennes, Arras et Saint-Omer... tout le quartier, quoi ! ses parents qui tenaient de grands emplois... moyennant 275 francs par mois, l'hiver, 250, l'été, acceptèrent un engagement en Belgique où les appointements étaient plus élevés... mais ne leur furent pas payés, le directeur ayant mis la clef sous la porte.

Il fallut donc revenir à Paris à une époque où toutes les troupes sont faites, par conséquent, sans nul espoir de trouver un nouveau contrat.

La nécessité s'imposa de mettre les malles de costumes au Mont-de-piété pour payer la petite chambre au sixième d'un hôtel miteux, rue des Deux-Ecus, près des Halles... Deux Ecus ! Ironie !

Les faibles ressources du ménage s'épuisaient rapidement, on souffrait de la faim et du froid. La famille luttait ferme cependant contre l'adversité. Marie et sa mère s'occupaient de tout dans le pauvre logement : le ménage, la cuisine — peu compliquée, hélas ! les savonnages.

Détail pitoyable : comme l'eau n'était pas à discrétion et coûtait cher, ces dames descendaient, après minuit, laver leur linge à la fontaine de la halle qui coulait toute la nuit, tandis qu'à la maison le grand frère gardait la petite sœur et que le père se promenait de long en large pour protéger au besoin ses chères travailleuses.

L'argent allant bientôt manquer tout à fait, la maman s'avisa d'un expédient qui sauva la famille jusqu'au jour où le père trouva un modeste engagement, à Bruges.

Marie avait une jolie voix et chantait juste d'instinct ; de plus, elle possédait une physionomie étrange avec ses deux yeux « tout autour de la tête », comme disait plus tard Roqueplan, et le tout surmonté de cheveux noirs, en broussailles.

— Marie, veux-tu, pour nous tirer d'embarras, consentir à aller le soir, conduite par ton frère, chanter dans les cafés ?

— Pourquoi pas ?

Et le soir même, les deux enfants (Marie avait dix ans) commençaient leur tour de Paris ; partant à la nuit, ils choisissaient de préférence les quartiers éloignés, évitant les abords des théâtres, dans la crainte d'être reconnus par des comédiens camarades de leurs parents. Marie entrait seule, son frère l'attendait à la porte. Elle s'approchait de la dame du comptoir et lui demandait la permission de chanter; c'était le moment le plus pénible. Souvent rabrouée, elle sortait, le cœur gros et, les larmes aux yeux, allait plus loin.

Quand elle obtenait la permission, sollicitée si timidement, elle se mettait à égrener son répertoire. Et quel répertoire ! Goûtez-en cet échantillon :

> Il le faut, disait un guerrier
> A la belle et tendre Imogène
> . . . .
> Entre dans ma tartane,
> Jeune fille à l'œil noir.

Les chansons dites, l'enfant faisait le tour des tables en tendant sa sébile. Et c'était encore un dur moment à passer, car les donneurs de sous, d'une éducation relative, ne lui épargnaient pas les plaisanteries plus ou moins grosses auxquelles, grâce à son jeune âge, elle ne comprenait rien.

Sa récolte faite, plus ou moins maigre, elle ressortait et retrouvait son frère qu'une attente prolongée sous la pluie et la neige ne rendait pas toujours de bonne humeur. Son rôle, à lui, n'était d'ailleurs pas des plus agréables : il consistait à surveiller la petite à travers les carreaux embrumés, et prêt à bondir dans l'établissement à la moindre apparence d'un danger qu'elle aurait pu courir.

Parfois, quelqu'un lui demandait, croyant la reconnaître, son nom qu'elle se gardait bien de dire, se contentant de répondre :

— Durand.

On le voit, la triste enfance de Marie Luguet se rapproche étrangement de celle de son illustre camarade Rachel.

La tournée faite, les enfants se hâtaient de rejoindre leurs parents ; et là, moulus, transis, trempés, tous les quatre soupaient avec le pain et les deux sous de brie achetés sur la recette du soir.

Ce martyre dura exactement soixante-dix jours.

Au mois de février enfin, le père et le fils trouvèrent un modeste emploi à Bruges tandis que Mme Luguet et ses filles vécurent du produit de leurs aiguilles.

Elles faisaient des robes de tarlatane pour poupées à ressort, des poupées en bois. On les leur payait *dix centimes la douzaine* et encore elles fournissaient le fil !

Marie et sa mère parvenaient à en faire vingt douzaines quotidiennement, mais il ne fallait pas flâner ! Par les belles journées, elles allaient travailler dans le jardin du Palais-Royal où la petite sœur commençait à trottiner.

Après les heures noires de l'hiver, c'était le paradis !

CHAPITRE IV

Elle connaît Mlle Mars à Genève et Rachel à Rouen. — Début sensationnel. — Le supplice de l'audition. — Un conseil de Roqueplan.

C'est, en traversant Paris, pour aller à Genève, en 1828 que Marie Luguet vit jouer, pour la seule fois de sa vie, Mlle Mars.

M. et Mme Luguet devaient aller dîner chez des camarades ; leurs enfants n'étant pas invités avaient la joyeuse perspective de passer la soirée dans la chambre d'hôtel... Cet horizon ne leur souriant pas exagérément, ils convinrent de réaliser un rêve, celui de profiter de cette occasion pour aller voir jouer Mlle Mars. Comme on leur avait donné quarante sous, René dit à sa sœur :

— Si tu veux, nous achèterons chacun un pain de deux sous et, avec le reste, nous nous paierons le Théâtre Français... Mlle Mars joue !

Cette proposition acceptée d'enthousiasme, nos très jeunes gens coururent faire la queue. Arrivés les premiers devant le guichet, ils eurent la chance d'avoir deux places de premier rang, tout là-haut, dans les petites loges qu'on appelait les bonnets d'évêque. Ce couple de spectateurs ne regretta pas son argent... ou plutôt son cuivre.

C'est à Genève que commença réellement la carrière de la petite comédienne, c'est dans la ville de Jean-Jacques Rousseau qu'elle signa son premier engagement — et quel engagement ! 25 francs par mois.

Marie Luguet vit là, pour la première fois, et avec quelle joie ! ce que toute sa vie, elle put constater si souvent ! à quel point, dans le métier d'artiste dramatique, l'imprévu, le hasard, la fatalité, l'inattendu, l'inespéré jouent un rôle, un rôle constant. D'ailleurs, l'expression passée dans la langue française : *coup de théâtre* est là pour me donner raison.

Le théâtre est non seulement le royaume de la surprise perpétuelle, mais aussi celui de l'illogisme.

Rien de ce qui est sensé, normal, logique, ne s'y passe... à commencer par ces chambres qui n'ont que trois murs.

Il faut être naturel avec des moyens qui ne le sont pas.

Les jeunes jouent souvent des vieux et les vieux toujours des jeunes (je dois convenir, du reste, pour excuser, expliquer en tous cas, cette dernière invraisemblance, que le comédien n'interprète à peu près bien un jeune que lorsqu'il commence à ne plus l'être. On n'a ni métier ni expérience à vingt ans).

On répète une pièce dont la première représentation doit avoir lieu trois jours après. Les artistes ne savent pas leur rôle... la pièce même doit subir des retouches... les décors ne sont pas prêts... les costumes à peine commencés... tout le monde au théâtre n'a qu'une phrase à la bouche :

— C'est fou de vouloir passer mercredi ! ce sera un désastre... une catastrophe !...

La pièce passe mercredi et c'est un triomphe.

Marie Luguet accompagna son père à Genève où lui seul était engagé.

L'ouverture de la saison devait se faire avec *Elle est folle !* une comédie-vaudeville, de Mélesville, créée au Gymnase par M. et Mme Taigny (?).

La jeune fille qui devait jouer l'amoureuse — dans cette pièce — très jolie, fait la conquête d'un jeune russe, assidu du théâtre, qui l'enlève la veille de la première représentation. Son rôle, pas très long, avait son importance à cause de l'action à laquelle il était mêlé. Voici donc le théâtre aux abois ! que faire ? Le père Luguet, après s'être longuement tâté, propose à sa fillette qui n'avait que treize ans, mais, grandelette pour son âge, en paraissait seize, de sauver la situation et jouer le rôle à la place de la défaillante. Marie accepte, apprend le rôle en vingt-quatre heures et le joue de façon à contenter tout le monde... et son père... sans parler de son directeur qui, pour lui montrer sa satisfaction de façon « palpable », l'engage, séance tenante, pour tenir l'emploi de celle qui, décidément, ne voulait plus jouer les amoureuses — qu'à la ville.

Que de fois semblable fait s'est passé au théâtre ! s'il me fallait noter tous les artistes qui ont dû la chance de leur avancement rapide à une aventure similaire, ce petit livre n'y suffirait pas !

Je ne citerai que pour mémoire notre chère Jeanne Granier qui, s'impatientant dans les chœurs de la Renaissance où elle chantait l'opérette, sous la direction Koning, offrit, un soir que Théo, principale protagoniste de la *Jolie parfumeuse*, était tombée subitement malade, de la remplacer pour éviter à son directeur de rendre la recette — extrémité toujours pénible — et qui dut à cette heureuse circonstance son lancement sur la route de la célébrité !

Après Genève, c'est Rouen qui laissa dans le jeune esprit de Marie Luguet un souvenir inoubliable, car ce fut au Grand-Théâtre de cette ville qu'elle connut Rachel, au cours de sa première excursion hors Paris. Elle était au début de sa gloire (1840). Depuis, Marie joua bien souvent avec elle... Sabine, Andromaque, etc., etc..., elle se lia d'amitié avec la grande tragédienne et sa famille ; mais rien ne put être comparé à l'impression profonde qu'elle ressentit lors de leur première rencontre. Rachel, qui n'avait que cinq ans de plus que Marie, lui ouvrit les horizons de l'art véritable, lui apprenant notamment le nom des grands auteurs français que Marie, habituée jusque-là à jouer un répertoire moins classique, ignorait absolument.

Rachel les lui fit connaître et admirer, ce qui incita sa petite amie à les interpréter à son tour. C'est ainsi que Rachel eut sur les destinées artistiques de Marie la plus grande et la meilleure influence, lui faisant comprendre le beau dans l'art et lui inspirant l'ardent désir d'y atteindre. Ainsi, Rachel qui ne voulait jamais personne dans la salle pendant qu'elle répétait et faisait répéter ses camarades, par ce sentiment d'exquise délicatesse qu'elle n'aurait pas osé reprendre, corriger un de ses partenaires devant un étranger, fit exception pour la petite Marie qu'elle autorisait à rester auprès d'elle, l'exemple ne pouvant lui servir que de leçons — et quelles leçons !

Un jour, que la fillette regardait fixement un médaillon d'or que Rachel portait pendu à sa ceinture :

— Voulez-vous voir ce qu'il y a là dedans, ma mignonne ?

— Oh ! mademoiselle !

— Ce n'est pas indiscret, reprit la tragédienne, ce sont les portraits de mes amoureux.

Et elle ouvrit le médaillon qui contenait deux belles miniatures : le portrait de Corneille et celui de Racine !

On ne peut pas dire positivement que l'existence des comédiens (surtout à cette époque) était le modèle de la vie de famille... j'entends par là qu'éloignés les uns des autres par suite de leurs engagements personnels, les membres de la smala Luguet dînaient rarement ensemble. Ainsi, après Rouen, Mme Luguet, mère partit pour Toulouse où elle avait été engagée, seule ; son fils Henri alla jouer les grands jeunes premiers à Lyon et le père attendait à Paris l'occasion de se caser avec sa fille.

René Luguet, lui, faisait partie de la troupe du Gymnase et naturellement voulut y faire engager sa sœur. Il demanda, à cet effet, à son directeur, M. Poirson, de lui accorder une audition. Marie choisit Emmeline des *Premières amours*, de Scribe, mais de sa vie n'eut une peur pareille.

Les comédiens qui liront ces lignes, seuls, savent ce qu'est une « audition ». C'est la chose la plus affreuse, la souffrance la plus horrible qu'on puisse endurer ! Oh ! cette salle noire, insuffisamment éclairée !... Comme ornement, de lamentables housses grises qui pendent des balcons pour protéger le velours usé des sièges et rappellent les rues italiennes avec le linge qui sèche aux fenêtres. Dans ce grand trou sombre la silhouette de deux ou trois personnes... dont celle qui tient parfois votre avenir dans ses mains : M. le Directeur, venu là en rechignant... comme à une corvée qu'il n'a pu éviter et qui continue de chuchoter avec son entourage : « *Ecoutons un peu ce numéro !* » et le numéro est là, sur la scène, pâle, tremblant de trac, ne sachant quelle attitude prendre, en attendant le « commencez ! ». Ayant à ses côtés un régisseur résigné qui, brochure en mains, lui donne mal la réplique, ne connaissant ni la scène ni a pièce !

Oh ! la rude épreuve ! quand on l'a subie une fois, on se jure bien que ce sera la dernière. Pour ma part, je remercie le Destin de m'avoir épargné cette torture ! Comme je comprends l'artiste disant à un directeur :

— Laissez-moi jouer, un soir, un rôle, en guise d'audition, avec mes camarades qui savent la pièce et là, maquillé, habillé devant une salle en pleine lumière, garnie de spectateurs, vous pourrez me juger, vous rendre compte de mes qualités, si j'en ai. Ça ne vous obligera pas à m'engager ni même à me payer cette soirée si je ne fais pas votre affaire mais du moins, je veux, puisque je joue une partie — d'importance ! — avoir en mains des atouts pour la gagner.

Tandis que l'audition dans cette cave mystérieuse où l'on a l'air de venir comploter à voix basse quelque forfait inavouable... *(ad augusta ! per angusta !...)* brrrou !

Poirson ayant trouvé Marie trop grande pour cette scène étroite (quand elle étend les bras, elle touche les deux manteaux d'Arlequin), René conduisit sa sœur aux Variétés, chez Nestor Roqueplan qui en était le directeur. Là, autre guitare ! Pas même d'audition ! Pendant que le frère expliquait le but de leur visite, Roqueplan examinait Marie, tout en mâchonnant son cigare. Il paraissait écouter attentivement, et tout à coup :

— Qu'est-ce que vous avez donc sur la tête, mon enfant ?

— Sur la tête ?

— Oui, là, sur le front... tout autour de la figure ?

— Mais ce sont mes cheveux, Monsieur.

— Des cheveux ? tout ça !... Eh bien, vous en avez trop, ma fille, on ne peut pas jouer les ingénuités avec tant de cheveux que ça ! Tenez, il y a, passage des Panoramas, un coiffeur à côté de l'entrée des artistes. Votre frère va vous y conduire ; il arrangera ça, il en coupera une bonne moitié et vous reviendrez me voir.

Les deux jeunes gens partirent, riant comme des fous de cette étrange défaite, et ne revinrent pas. Mais le hasard ne tarda pas à manifester sa présence, car, peu de temps après, Marie recevait une bonne lettre de sa mère qui la fit sauter de joie : une artiste du théâtre des Variétés, de Toulouse, n'avait pas réussi à ses débuts et Marie était attendue pour la remplacer.

Ce que le frère ne put conquérir pour sa sœur, la mère l'obtint pour sa fille : un engagement !

CHAPITRE V

A Toulouse. — Elle joue avec Mélingue. — Bocage. — Bruxelles. — Marie Luguet devient Marie Laurent. — Les curés se suivent et ne se ressemblent pas.

A Toulouse comme à Rouen, Marie eut la chance de jouer auprès de grands artistes parisiens venus en représentations, occasions précieuses pour des comédiens de province qui ne peuvent que profiter à ce contact et se faire connaître.

C'est ainsi qu'elle donna la réplique à Mélingue et à sa femme, Théodorine, dans *Catherine Howard, Jeanne d'Arc*, le *Manoir de Montlouvier.*

Après Mélingue vint également Bocage, à Toulouse, et dans cette circonstance, Marie put montrer ce dont elle était capable, ayant à faire dans son répertoire des choses plus curieuses, plus intéressantes.

Cette fois encore le dieu Hasard, qui décidément avait pris Marie sous sa protection, lui donna signe de vie.

C'était en 1849. Le choléra battait son plein et le théâtre, lui, battait son vide. Le directeur ne savait où donner de la tête. La plupart des artistes étaient malades, les autres avaient peur de l'être. Que faire ? Bocage, venu en représentations, ne pouvait pourtant pas jouer tout seul. Le monologue n'était pas encore né. La *Lucrèce* de Ponsard était affichée quand la jeune femme qui tenait les premiers rôles et avait personnifié Tullie, à ses côtés, tomba malade, trois jours avant la représentation. Comme toujours, en pareil cas, on vint chercher Marie, car il n'y avait que sa fraîche mémoire qui put faire un tel tour de force ! Tullie en trois jours ! Quel rôle ! des scènes de violence, des imprécations ! Sachant le rôle à la lettre, elle le joua, toute chaude encore du souvenir de Rachel qu'elle avait étudiée de près, et son succès fut complet, si bien que le rôle finissant au troisième acte, le public voulut absolument associer la débutante au triomphe de Bocage et la rappela à la fin de la pièce. Le grand artiste vint la prendre dans la coulisse et la traîna sur la scène, vêtue d'une robe de percale et d'un petit châle de mousseline de laine rose qui devait faire un singulier effet au milieu de toutes les draperies romaines.

Le lendemain, à la répétition, Bocage, riant, disait :

— Où est-elle ? où est-elle ? cette petite fille qui enfonce les acteurs en représentations ?

L'essentiel, c'est que Bocage ne voulut plus que cette petite fille comme partenaire et la demanda dans toutes ses pièces.

A ce moment, se préparait un des actes les plus importants de sa vie. C'est à Toulouse, que Pierre Laurent, de son véritable nom Pierre Marie Quillevéré, qui chantait les barytons au théâtre du Capitole, demanda Marie Luguet en mariage et fut agréé. (En passant, constatons qu'à cette époque presque tous les artistes prenaient un pseudonyme en montant sur les planches.) Pierre Laurent était un chanteur de talent qui eut son heure de gloire, trop courte et trop tardive mais brillante et justifiée. C'est Pierre Laurent qui créa en 1852, au Théâtre Lyrique du boulevard du Temple, le rôle du roi dans *Si j'étais roi.*

Marie Luguet, Marie Laurent... mêmes initiales, la comédienne n'eut pas à démarquer son linge.

Ici, je passe la plume à celle qui fut Marie Laurent. On n'est jamais si bien dépeint que par soi-même.

« Nous devions nous marier au mois de mai, à la fin de l'année théâtrale. On avait annoncé la nouvelle à mes frères, et Mme Dorval, dont René venait d'épouser la fille, m'avait écrit cette jolie lettre :

« Ton frère René vient de me dire la grande nouvelle, chère enfant. Je te félicite de tout mon cœur et t'envoie un petit souvenir sur lequel j'ai fait graver un mot qui renferme le secret du bonheur. »

A la lettre était joint un bracelet d'argent, avec un cœur portant ces mots gravés : « Sois sage ! »

Ma mère et Laurent étaient engagés au théâtre de la Monnaie, à Bruxelles, et nous espérions bien qu'une fois mariés, je trouverais à me caser aussi dans un des théâtres de la ville.

Nous étions très connus, très aimés à Toulouse, et la nouvelle de notre prochain mariage avait fait quelque bruit. Je comptais, bien entendu, me marier à l'église ; mais on me dit que le curé de Saint-Sernin, la cathédrale de Toulouse et la paroisse sur laquelle nous habitions, refuserait de bénir notre union, parce que j'étais une fille de théâtre !

Très inquiète et très troublée, je résolus de savoir à quoi m'en tenir et j'allai moi-même annoncer mon prochain mariage à monsieur le curé et réclamer sa bénédiction. Je fus très bien reçue par ce grand vieillard, dont l'air froid et sévère m'impressionna fort ; je lui dis le but de ma visite. Il m'écouta sans faire un mouvement et me dit enfin *qu'il regrettait de voir une jeune fille, animée de si pieux sentiments, mener une vie de scandale comme celle des comédiennes, et qu'il lui était impossible de me permettre d'approcher du saint autel, à moins que je ne lui fisse, sur l'heure, la promesse solennelle et sacrée de renoncer au théâtre !*

— Mais, lui dis-je, mon fiancé est artiste comme moi ; j'aurai beau ne plus jouer moi-même : je le suivrai toujours et continuerai à vivre de cette vie que vous condamnez.

— Ce ne sera plus pour votre compte, mon enfant ; vous ne vous exposerez plus aux regards de tous dans des costumes impudiques ; vous ne rechercherez plus des hommages et des bravos qui vous font perdre la pudeur et la modestie d'une vraie chrétienne.

— Monsieur le curé, je n'ai pas d'autre état. Si mon mari tombe malade, s'il perd sa voix et si Dieu nous donne des enfants, avec quoi les nourrirai-je ?

— Ne vous inquiétez pas, mon enfant, Dieu y pourvoira :

Aux petits des oiseaux, il donne la pâture.

— C'est dans une pièce de théâtre ce que vous me dites-là.

La réponse m'était montée spontanément aux lèvres, et elle l'interdit un peu. Il me trouvait sans doute bien osée de discuter sur un pareil sujet ; mais il s'adoucit et me congédia avec des paroles d'espérance.

Tout fut donc préparé à Bruxelles. La saison théâtrale finissait à Lille, le 30 avril ; le 1er mai, nous arrivions en Belgique, mon père, mon frère et moi. Le 2, j'allai à confesse et le 3, à cinq heures du soir, je communiai pour me marier à onze heures, avec Pierre Laurent, à l'église du Finistère, à Bruxelles — sans condition !

Pourtant, j'avais dû, pour me marier, accomplir un acte tardif mais auquel je tenais. La vie nomade et précaire que menait ma famille, durant ma première jeunesse, ne permit pas à mes parents de s'occuper beaucoup de mon instruction... religieuse, et je n'avais pas fait ma première communion. Je me mis donc en règle avec ma conscience et... monsieur le doyen.

En arrivant à la sacristie où avait lieu la cérémonie pour éviter la foule, le brave curé me reçut à la porte et me dit, en souriant :

— Ah ! voici la fiancée ! Mais, ma chère enfant, je ne peux pas vous marier, moi !

— Comment ?

— C'est la première fois que je vous vois. Je ne suis pas sûr que vous soyez la vraie fiancée ! Et qu'est-ce que vous diriez, si j'en mariais une autre à votre place ?... Allons ! ne vous troublez pas, j'ai confiance en vous... je vais vous marier tout de même.

Ah ! il y avait loin du curé de Toulouse à ce brave et bon prêtre ! J'avais pour demoiselles d'honneur Mlle Thuillier, plus tard créatrice de *La Petite Fadette*, de G. Sand et de la Mimi, de Mürger — et Mlle Rabut, de la Comédie-Française, depuis femme de Charles Fechter.

CHAPITRE VI

Londres. — Bruxelles. — Son bénéfice avec *Marie-Jeanne*. — Un conseil de Dumas père. — A l'Odéon. — *François le Champi*. — Un mot de Got. — L'emploi des mères. — Les deux moyens d'atteindre à la célébrité. — L'importance de l'œil chez le comédien. — L'avis de la critique sur Marie Laurent.

Un mois après, le 1er juin, les nouveaux mariés partaient pour Londres avec toute la troupe du théâtre de la Monnaie.

Léopold Ier, roi des Belges, allait voir sa nièce, la reine d'Angleterre, pour l'anniversaire des fêtes du couronnement et il emmenait son opéra au complet : chanteurs, orchestre, chœurs, ballet, etc... La jeune épouse qui était partie aussi, un peu par-dessus le marché, vit une fois de plus que ce vieux hasard ne la lâchait pas, il la suivait, même en voyage.

Il manquait un emploi : celui de Mlle Révilly, à l'Opéra-Comique. Marie offrit de la remplacer, sachant plusieurs rôles de son répertoire qu'elle avait précisément chantés à Toulouse ; les directeurs heureux de pouvoir sitôt combler la lacune et de faire plaisir à leur pensionnaire

Laurent, acceptèrent. C'est donc comme chanteuse que Marie Laurent fit son premier séjour à Londres.

Après Londres, retour à Bruxelles.

Marie, sur son engagement avec le théâtre du Parc, avait droit à une représentation à bénéfice, comme c'était l'usage. Elle cherchait ce qu'elle pourrait bien jouer, ce soir-là, car, en pareil cas, si le bénéficiaire se préoccupe de faire une belle recette — ce qui est bien naturel — il tient au moins autant à jouer un beau rôle.

Mme Dorval, la gloire de la famille, qui venait de faire à la Porte Saint-Martin son admirable création de *Marie-Jeanne* et qui témoignait de l'amitié à la jeune Marie lui conseilla de choisir la pièce et le rôle. Mais Marie avait vingt ans ! et quand elle se mit à étudier, la tâche lui parut lourde pour ses jeunes épaules. Embarrassée, hésitante devant certains effets, elle sentait bien, parbleu ! tout ce qu'il y avait à faire; mais elle n'osait...

Elle écrivit sa détresse à Mme Dorval, la suppliant de lui venir en aide, en lui donnant quelques conseils.

La grande tragédienne lui répondit :

« Ma chère enfant, Marie-Jeanne a six cents lignes et six cents effets. Quand, à ton âge, on a le bonheur de jouer un rôle comme celui-là, on ne demande pas des conseils par écrit... on vient le voir jouer. »

Facile à dire ! Il n'y avait pas encore de chemin de fer, en France ! On mettait vingt heures pour faire le trajet Paris-Bruxelles, qui s'accomplit aujourd'hui en cinq heures ! Puis, on répétait. Il fallait obtenir un congé de trois jours, interrompre le travail et supporter une fatigue énorme. Rien n'arrêta l'intrépide Marie. Elle obtint son congé, prit la diligence, arriva à Paris à six heures du soir ; à sept heures et demie elle était au théâtre, et après avoir frémi, pleuré et admiré la grande artiste, allait dans sa loge lui dire son enthousiasme et sa joie. Mme Dorval emmena sa timide émule chez elle ; elle avait préparé un lit dans sa chambre et toute la nuit se passa à parler du rôle et de la pièce.

. . . .

Le drame eut un très beau succès au pays de Léopold, grâce à Marie Laurent... et à Marie Dorval, car, ce soir-là, la créatrice joua un peu le rôle à Bruxelles... en même temps qu'à Paris.

Ici, une petite anecdote :

Quand un comédien, vraiment artiste, reprend le rôle créé par un illustre camarade, il a tout d'abord le souci de faire autre chose que le créateur.

Aux répétitions, il lui arrive parfois, pour ne pas dire toujours, d'ignorer tout à fait ce qui adviendra de ses efforts, le soir de la première représentation. Seront-ils couronnés de succès ? Laisseront-ils le public complètement froid ? Mystère ! Ce personnage, que deviendra-t-il ? sera-t-il dieu, table ou cuvette ?

Il faudra voir ça, aux chandelles ! disent couramment

les gens de théâtre — même depuis qu'il n'y a plus de chandelles. C'est en tremblant que l'acteur risque tel jeu de scène. Si le spectateur l'apprécie, le trouve à son goût, il peut aller *ad astra!* si, au contraire, il le juge parfaitement enfantin, « la trouvaille » sur laquelle le comédien comptait tant, et dont ses camarades ne cessaient de le féliciter, pendant les répétitions, passera complètement inaperçue. Sou en l'air !

En tous cas, ne pas « faire » ce que faisait l'autre ! est la première, la seule, la lancinante préoccupation du second.

Marie Laurent répétait *Antony* avec son grand camarade Laferrière.

Alexandre Dumas réunissait chez lui ses deux principaux interprètes pour les faire répéter. Au dernier acte, quand Adèle d'Hervey revient, affolée, du bal où on l'a insultée pour apprendre d'Antony l'arrivée subite du colonel, son mari, lequel peut surgir d'un moment à l'autre, elle s'écrie :

— Mais je suis perdue, moi !

Il y a là un grand effet ; Dumas contait que Marie Laurent, reprenant le rôle créé par Mme Dorval, lui demanda :

— Que faisait la créatrice, à ce moment-là ?

— Elle était assise et se levait.

— C'est bien, je serai debout et je tomberai assise, fit Marie Laurent.

Marie, qui avait déja paru à l'Odéon en 1843, dans le rôle de Tullie, de *Lucrèce*, vint se fixer à Paris en 1847 et débuta à ce théâtre, le 30 septembre par *Isabelle de Castille*. Et ici se place sa magnifique création de *François le Champi* (23 novembre 1849).

« Marie Laurent, écrivit George Sand, a créé le rôle de la femme honnête et bonne, de la mère, à la fois austère et tendre ; jamais on n'a moins joué un rôle, jamais on ne l'a mieux fait sentir. »

Marie Laurent passe les ponts, et, ce voyage accompli, débute en 1851 à la Porte Saint-Martin dans l'*Imagier de Harlem*, de Méry et Gérard de Nerval, à côté de Mélingue et de son frère, Henri Luguet.

Détail pittoresque, les répétitions de cette pièce à grand spectacle avaient lieu sur une toute petite scène qui existait alors à la « ménagère », boulevard Bonne-Nouvelle (les Nouvelles Galeries actuelles) parce qu'il y avait procès entre Fournier et les propriétaires de la Porte Saint-Martin.

Après l'*Imagier*, on joua les *Nuits de la Seine*, de Marc Fournier. Cette pièce marque une date dans la carrière de Marie Laurent. C'est dans ce drame qu'elle entra, en effet, bien jeune, dans l'emploi des grands rôles et aborda pour la première fois une de ces mères désespérées qui cherchent l'enfant qu'on leur a pris au prologue et ne le retrouvent qu'au cinquième acte. Et ici, il y en avait deux ! Qu'elle le joua donc souvent ce rôle toujours renouvelé, mais toujours le même ! Elle établissait ainsi cet emploi qui devait être sa spécialité !

Un des ennuis, un des écueils de notre profession, c'est incontestablement la difficulté, pour ne pas dire la quasi-impossibilité que nous éprouvons à sortir du genre dans lequel le public veut nous enfermer.

Quand un comédien a eu la chance — car, c'en est une en somme... et qui n'est pas donnée à tous ! — de « marquer » dans un rôle, c'est fini ! le malheureux aura beau en avoir réussi dix, vingt, trente tout aussi bien... non ! on ne le voit pas, on ne le voit plus, on ne veut plus le voir que sous les espèces de ce fameux rôle ! on le lui jette toujours à la tête !

Dans la presse, à chaque création nouvelle, ce sont des « ...Machin, l'inoubliable créateur de Rupinscoff... Machin a retrouvé, hier soir, les accents qui nous avaient si bouleversés de Rupinscoff... » La pièce est-elle un succès, le critique imprime « ...Allons, mon cher Machin, apprêtez-vous à jouer cette œuvre autant de fois que vous avez interprété Rupinscoff, ce rôle où... » si c'est un four, après avoir dit, dès le début de son article : « ...c'est l'erreur d'un homme d'esprit qui prendra bientôt sa revanche (cliché 802), l'aristarque ajoute :

« D'ailleurs, le directeur de ce théâtre sait bien ce qui lui reste à faire, ayant la chance de posséder actuellement dans sa troupe l'incomparable Rupinscoff... Pensez à une fructueuse reprise, monsieur le Directeur ! »

Cette tunique de Nessus que l'infortuné comédien ne peur s'arracher le rend fou ! et il finit par maudire ce rôle qui lui avait cependant procuré de grandes satisfactions d'amour-propre ! Le père Got, qui s'y connaissait, disait aux débutants : « Ne vous emboîtez pas trop dans un rôle, sans quoi vous n'en sortez plus ! »

Il y a deux façons d'arriver à la célébrité pour un artiste dramatique, soit en jouant toute sa vie le même rôle — comme certains peintres recommencent le même tableau pendant toute leur existence ! — soit en se diversifiant ; mais le moyen le plus rapide et le plus sûr d'atteindre à la notoriété est sans aucun doute, hélas ! la première façon.

Avec la seconde, vous risquez fort de ne plaire qu'aux gens délicats, aux artistes, mais vous entrerez difficilement dans le gros public. Dans l'histoire théâtrale, on remarque que certains artistes ont dû, presque uniquement à leur physique, de symboliser aux yeux des spectateurs, pendant toute leur carrière ! — tel personnage de la vie réelle, tel caractère typique... et ce, en dépit des créations variées qu'ils purent faire.

Ainsi, pour ne point sortir du genre mélo, à l'époque où sur le Boulevard du Crime refleurissait l'épopée napoléonienne, où, chaque soir, on ressuscitait le grand homme sur toutes les scènes, nul artiste ne le personnifia comme Gobert ; aussi, pendant des mois et des mois, cet acteur ne joua-t-il que l'impérial rôle. Sa ressemblance avec le grand Empereur était d'ailleurs extraordinaire ; tous ceux qui avaient connu ou simplement vu le vainqueur d'Austerlitz, tous les vieux braves qui avaient servi sous ses ordres, tous les bourgeois qui avaient pu contempler son profil de médaille, tressaillaient à l'aspect de Gobert. Du reste, Gobert s'était tellement identifié avec son modèle qu'il se prenait volontiers pour lui, tel plus tard notre cher camarade Duquesne (créateur du Napoléon, de *Mme Sans-Gêne*), parcourant gravement le boulevard, le sourcil crispé, la main droite dans l'échancrure du gilet et la gauche dans le dos, le chapeau en bataille et pinçant le lobe de l'oreille des jeunes femmes qu'il rencontrait sur sa route. Jadis, le spectateur parisien n'aurait jamais admis qu'un comédien autre que Mélingue jouât le rôle d'un peintre, d'un sculpteur, d'un artiste. Le « bon Courtès » — jamais on ne l'appelait autrement à la ville et au théâtre — avec son faciès papelard et poupin sur lequel on lisait loyauté, franchise, semblait mis au monde pour porter soutane et rabat en scène, alors que Montal avec sa voix faubourienne et trémolante ne pouvait représenter que le traître.

Marie Laurent ! pour tous ceux qui l'entendirent, ce nom évoque aussitôt l'idée de ce qu'il y a de plus touchant, de plus vénérable et de plus poétique au monde : la mère !

Cette femme, qui fut cependant l'amante dans plus

d'un drame, n'en restera pas moins dans le souvenir de ceux qui l'ont applaudie : l'incarnation de la mère. Ils sont innombrables, les mélos où Marie Laurent a passé, courant, cherchant partout cet être exquis et doux plein d'espérances et de joies, qu'on appelle l'enfant.

La plaisanterie est légendaire. Pendant des années, on vit dans les revues un fac-similé de Marie Laurent poursuivant quelque traître féroce, en poussant les cris attendus :

— Mon enfant ! je veux mon enfant ! où est mon enfant ? rendez-moi mon enfant !

Elle était si bien, si profondément pour le public tout entier la mère, que lorsqu'elle joua dans le magnifique drame de Sardou *La Haine* un rôle de mère qui pardonne au meurtrier de son fils, ce fut une consternation générale ; à partir de ce pardon sublime, Marie Laurent sentit nettement que la foule ne la suivait plus. Les spectateurs pouvaient accepter que l'ennemi politique pardonnât à l'ennemi politique, que la jeune fille jetée par violence dans les bras d'un condottiere pillard oubliât l'outrage dans un apitoiement suprême, il n'admit point que la mère fît échapper l'homme qui avait tué son enfant.

— Et c'est peut-être, disait-elle spirituellement, parce que la scène était jouée par moi. D'une autre, on aurait trouvé cela tout naturel, qui sait ? Mais Marie Laurent ne vengeant pas son fils !... le public ne me reconnaissait plus dans ce rôle, pourtant si beau d'Uberta. Il était étonné. Il était déçu. On lui avait changé sa Marie Laurent.

Marie Laurent ne pouvait être aux yeux de la foule que cet être sacré, faible et fort, plein de pitié, de courage, la mère... mieux : la maman !

D'ailleurs, comment le spectateur fût-il resté insensible aux accents pathétiques de cette admirable comédienne qui possédait une des plus belles voix de théâtre qu'on pût entendre, une voix d'un métal superbe, vibrant et prenant ; mais la voix, bien qu'ayant une importance capitale dans le talent d'un artiste, la voix n'est rien sans l'âme ; avec la voix, on prend les spectateurs « d'en haut », avec la pensée, on s'empare de ceux « d'en bas ».

En plus d'un organe extraordinaire — don divin pour un acteur — et d'une articulation impeccable, Marie Laurent possédait un regard fulminant qu'on n'oubliait pas quand on l'avait vu une seule fois ! C'est en grande partie à ce regard fascinateur, à ce regard de gitane qu'elle dut de conquérir le public et de devenir populaire.

Nous nous souvenons encore, après combien d'années ! des affreux cauchemars qu'elle nous procura, à l'issue d'une représentation de *Fualdès !* Et dans le silence effrayant de l'aïeule de *Thérèse Raquin*, ce regard fixe, ces prunelles exorbitées, il était impossible au spectateur le moins gobeur de ne pas en être bouleversé !

Nous nous rappelons avoir entendu un soir, une petite fille dire à sa mère, en lui montrant Marie Laurent :

— Oh ! vois, elle a des yeux tout neufs !

Détail original, dans ce rôle de la Filoche, un de ses deux fils était... son frère... son frère aîné... Henri Luguet (aîné, puisque lui naquit en 1821 et elle en 1825).

Extraits de quelques critiques sur Marie Laurent

Tout d'abord, l'opinion d'Emile Zola, lui-même, dans sa préface de *Thérèse Raquin* :

... Mme Marie Laurent a véritablement créé le rôle de Mme Raquin ; j'y suis personnellement pour peu de chose, et c'est elle qui a trouvé tout cet admirable personnage du quatrième acte, cette haute figure du châtiment implacable et muet, ces deux yeux vivants cloués sur les coupables et les poursuivant jusque dans l'agonie. La bonhomie du premier acte, la douleur maternelle du second, l'effroyable crise du troisième, elle a tout rendu en grande artiste, et ce rôle restera comme une de ses créations les plus surprenantes.

25 juillet 1873.

Après l'*Espion du Roi*, drame en cinq actes d'Ernest Blum, Édouard Noël écrit dans le *Gaulois* :

Les comédiens ont beaucoup contribué à sauver l'ouvrage. Mme Marie Laurent est admirable dans le dernier acte.

Cette grande artiste fait chaque jour des progrès dans le sens de la plastique. Dans la scène du quatrième acte, elle a deux ou trois poses de désespoir qui mériteraient d'inspirer la statuaire. Le grand mérite de Mme Laurent est d'ennoblir les drames les moins littéraires par une sorte d'interprétation tragique dont elle a le secret.

22 mai 1876.

et au lendemain d'une reprise (il y en eut combien !) de *La Tour de Nesle*, à l'Ambigu... naturellement, Edmond Stoullig imprima simplement : « Mme Marie Laurent a été merveilleusement terrible dans Marguerite ».

CHAPITRE VII

Un souper de Dumas. — *Les Chevaliers du brouillard.* — Le métier d'artiste dramatique n'est pas de tout repos. — Marie Laurent épouse Maurice Desrieux. — Une lettre de G. Sand.

Marie Laurent, qui connut beaucoup — puisqu'elle fut si souvent son interprète — Alexandre Dumas père, racontait une anecdote bien amusante sur cet homme prodigieux qu'on a appelé une force de la nature. La voici. Dumas emmenait parfois ses interprètes souper chez lui après les répétitions du soir qui finissaient très tard. Un soir, il leur dit :

— On m'a envoyé un chevreuil ; nous irons le manger tout à l'heure.

Les convives étaient nombreux : Mmes Guyon, Lucie Mabire, MM. Henri Luguet, Deshayes, Charly, le peintre Fournier, Alexandre Dumas fils et des amis. En tout, dix-huit ou vingt invités qui, dès leur arrivée, se mettent vite à table, car tous étaient fatigués et affamés. Un temps se passe, on ne sert pas ; un domestique vient parler bas à Dumas qui se fâche et fait appeler un autre domestique. Il donne des ordres ; les serviteurs allaient et venaient, mais le chevreuil, lui, ne venait toujours pas ! Dumas fils lançait à haute voix les suppositions les plus folles, faisant ainsi oublier l'attente par ses mots d'esprit étincelants.

Enfin, Dumas père se lève et dit :

— Mes amis, il arrive une chose inouïe. Il paraît qu'il n'y a plus de vin en cave. Tous les marchands ont refusé d'en fournir et on n'a pu trouver que du lait.

Un grand éclat de rire accueillit cette annonce ; chacun dit son mot. Alexandre le Grand affirma que ce serait excellent et on soupa gaîment en mangeant du chevreuil arrosé de lait.

10 juillet 1857. Première représentation des *Chevaliers du brouillard.* Date mémorable, car le principal rôle de cette pièce, celui de Jack Scheppard, fut la plus belle des créations de Marie Laurent dont la carrière en compta pourtant une certaine quantité ! Au reste, ce succès qui fut triomphal lui était bien dû, car elle ne l'obtint qu'après un travail intensif, devant lequel eussent reculé tant de comédiennes du temps passé — et surtout du temps présent, hélas !

Le labeur que cette grande artiste dut fournir pendant les répétitions fut formidable.

Laissons-lui la parole :

« Je jouais tous les soirs et, pendant les répétitions des *Chevaliers*, comme il fallait, dans Jack Scheppard, monter à cheval, se battre à l'épée, grimper à l'échelle de corde, faire de la gymnastique, je m'habillais en homme dès le matin ; j'allais à neuf heures au manège, chez Pellier ; à dix heures, chez Desbarolles, rue d'Enfer, pour faire des armes. Je redescendais au théâtre pour me reposer et déjeuner ; après quoi, je répétais, toujours en homme, jusqu'à cinq heures. Je dînais le plus souvent dans ma loge et je jouais jusqu'à minuit. Quand les répétitions générales commencèrent, ce fut bien pis, car elles durèrent une partie de la nuit, et nous sommes, plus d'une fois, sortis du théâtre, au moment où les laitiers s'installaient sous les portes cochères. »

Hein ? mes petites mignonnes aux cheveux coupés, que pensez-vous de ça ? vous qui vous amenez péniblement à deux heures et demie, cigarette au bec carminé ?

L'amusant, c'est que notre comédienne était arrivée à avoir vraiment l'air d'un homme, même quand Jack est déguisé en femme.

C'est à la fin des représentations des *Chevaliers* que, veuve depuis 4 ans, en 1857, Marie Laurent changea d'état civil. Elle épousa en secondes noces Maurice Desrieux qui était son camarade depuis deux ans. Ce Desrieux, pour ne pas se faire remarquer, avait pris ce surnom, alors qu'il s'appelait en réalité Bénite.

Ce mariage valut beaucoup de félicitations à la comédienne, notamment cette lettre de George Sand qui avait gardé de son ancienne interprète (*François le Champi*) le meilleur des souvenirs :

Chère Marie, recevez mes vœux les plus tendres ; vous méritez tant d'être heureuse que je ne puis croire que vous ne le serez pas : ce serait à douter de Dieu. En disant « oui », vous ferez un mariage d'amour. Votre destinée était d'aimer et de vous dévouer : vous suivez votre voie. Vous serez heureuse de donner du bonheur à quelqu'un. Que ce quelqu'un-là aime vos enfants surtout ! Mais il les aimera ! les artistes ont plus de cœur et d'entrailles que les autres hommes ; et qui ne serait bon et grand, étant aimé d'une femme comme vous ?

Au milieu de ces grandes émotions, vous êtes héroïque de travail et de force.

Vous jouez depuis cent soixante jours au moins une pièce terrible où l'on dit que vous êtes admirable. Je me désole d'être si loin et de ne pouvoir bouger de ma retraite.

Embrassez pour moi vos chers petits ; mon Jean Bonin doit être superbe. Se souvient-il de moi ?

Vous dites que j'ai été bonne pour vous. Vraiment, je n'y ai pas eu de mérite, car je ne sais pas qui pourrait faire autrement que vous admirer et vous aimer.

Croyez bien que je suis à vous de tout mon cœur et pour toujours.

George SAND.

Nohant, 18 novembre.

Et admirez la conscience artistique du comédien ! le soir même du jour où ce couple s'unit à l'Eglise, il accomplissait son devoir au théâtre !... Oui, les spectateurs qui applaudirent à la Porte-Saint-Martin les *Chevaliers du brouillard*, le 16 décembre 1857, ne se doutèrent pas que Jack Scheppard avait épousé Tamise dans la journée.

CHAPITRE VIII

Trente ans ou la vie d'un joueur. — 1870! — Comédiennes-infirmières. — Le respect des anciens pour leurs aînés. — Séparation de biens. — Mort de Desrieux.

Que les temps sont changés! m'écrierai-je avec Abner. Frédérick Lemaître passait non sans raison, parmi les artistes, pour avoir un sale caractère. On admirait son génie mais on redoutait les relations quotidiennes des répétitions et des représentations. On le disait exigeant, brutal, grossier parfois, et plus d'un artiste avait eu avec lui des discussions violentes. Marie Laurent, qui joua souvent à ses côtés, à la fin de sa carrière, n'eut en réalité jamais à s'en plaindre. Il était exigeant, en effet, tatillon peut-être, comme beaucoup de grands acteurs, car il mettait lui-même en scène les pièces de son répertoire, ne laissant rien passer, soignant les moindres détails et donnant la vérité et la vie à tout et à tous. Il s'irritait quand on ne le comprenait pas, mais ses colères n'étaient pas terribles.

Cependant Marie Laurent en essuya une, un soir qu'elle répétait avec ce lion du drame *Trente ans ou la vie d'un joueur*. Il venait de sortir de scène, en lançant son fameux mot : « La fortune n'est pas toujours contraire ! » Il y avait quelques artistes dans la salle et on l'avait chaudement applaudi. Marie Laurent restée seule en scène commençait à dire son monologue, quand, brusquement, elle reçut une tape sur le bras. Rires dans la salle. L'actrice se retourne, furieuse, et se cogne sur Frédérick qui lui dit à voix basse :

— Pourquoi jouez-vous cette scène comme ça ? ce n'est pas digne de vous... je ne veux pas. Cette femme est affolée, désespérée... et vous donnez de la voix, vous n'êtes pas émue, vous parlez faux.

Tout cela était dit d'une façon si vibrante, si convaincue que la comédienne, ne pensant plus à la manière bizarre dont la leçon venait de lui être donnée, répondit à haute voix :

— C'est vrai ; merci. Vous avez raison, je vais recommencer.

La salle applaudit et Marie Laurent redit le monologue qui marcha bien, cette fois.

. . . .

Voyez-vous cette scène se reproduire de nos jours ! !

1870 ! L'année terrible !

On a tellement décrit et de façon si impressionnante ces effroyables heures que je ne me risquerai pas à les dépeindre à mon tour. Personnellement, j'en ai peu souffert, habitant, à cette époque, Bordeaux, mon pays natal. J'étais alors en pension et me souviens seulement avoir vu, pendant que la neige ouatait les toits du lycée, des prisonniers prussiens que Paris nous avait expédiés — joli cadeau — mais dans la capitale la vie était plus affreuse ! on manquait de tout ! on mangeait du rat !

Quant à nos chers soldats blessés, c'était à qui chercherait à se rendre le plus utile auprès d'eux. Dans chaque famille, on se réunissait, parents, amis, voisins, jeunes, vieux, pour faire de la charpie... naturellement, les artistes dont le cœur sensible est ouvert à toutes les souffrances, ne furent pas les derniers à secourir nos défenseurs mutilés ! Partout des ambulances s'organisèrent, au Théâtre Français, à l'Odéon, au Gymnase, à la Porte-Saint-Martin...

A l'Odéon, ce fut Sarah Bernhardt qui, après avoir remué ciel et terre et grâce à l'entremise de Emile de Girardin et Duquesnel, obtint du ministère de la guerre la permission d'installer une ambulance. Elle avait pour aide principale Mme Lamquin qui jouait les duègnes à l'Odéon. Ses coadjutrices se nommaient Madeleine Brohan, Favart, Dubois, Ed. Ricquier, Jouassain, Victoria Lafontaine.

Partout on rencontrait comédiens et comédiennes transformés en infirmiers, en garde-malades, et tous montraient une bonté, une douceur et un dévouement sans bornes pour les martyrs de la guerre.

Au Gymnase, mêmes offres de services charitables de

la part de M. et Mme Prioleau, Louvel, ainsi que de toutes les dames de la troupe, notre chère et regrettée Magnier, en tête.

A la Porte-Saint-Martin, une grande partie du personnel était mise sous les ordres de Marie Laurent.

Un jour, à son ambulance, on attendait le chirurgien qui devait amputer le bras droit d'un pauvre petit sergent de vingt-trois ans. L'enfant, résigné à son sort, suppliait sa *mère* (c'est ainsi que tous les prisonniers appelaient avec raison Marie Laurent) :

— Vous ne me quitterez pas, disait-il ; votre présence me donnera du courage, et vous verrez que je suis un homme qui sait souffrir.

— Soyez tranquille, cher enfant, je serai là, et tout ira bien, grâce à Dieu.

Et l'infirmière bénévole accomplit sa promesse ; elle tint entre ses mains la tête du patient, qu'elle couvrit de baisers pendant la cruelle opération, et ne quitta cette posture que lorsque tout fut terminé.

Les comédiennes possèdent toutes un cœur de mère.

Le 28 septembre 1873, la Porte-Saint-Martin reconstruite, rouvrait ses portes au public. Les marches qui descendaient sur le boulevard avaient été supprimées. C'est par *Marie Tudor* que la nouvelle salle fut inaugurée.

Une ovation formidable accueillit Frédérick Lemaître,

vieilli mais toujours superbe d'allure, qui jouait le Juif.

Marie Laurent, avec ses camarades Dumaine, Taillade, qu'elle eut si souvent, par la suite comme partenaires, lui donnaient la réplique.

Quelle époque ! quels artistes ! quels talents ! quelle foi ! quelle conviction ! quelle idolâtrie de leur métier et quelle modestie ils avaient, ces interprètes !

Ah ! ils se souciaient peu de leur place sur l'affiche; pour ceux-là l'essentiel était... d'y être... ils ignoraient la vedette américaine ! ne s'inquiétaient pas de savoir s'ils auraient chacun deux loges pour s'habiller ! et n'exigeaient pas leur nom en lettres de feu à la façade du théâtre — au gaz, bien entendu.

Tenez ! jeunes gens, lisez cette fin de lettre, vous qui vous attribuez toujours la réussite des œuvres dans lesquelles vous jouez, vous réservant d'ailleurs d'imputer à l'auteur, à son mauvais rôle, votre insuccès personnel.

Au lendemain d'une reprise du *Bossu,* Mme Anicet Bourgeois, la veuve d'un des auteurs (l'autre était Paul Féval) écrivit à l'acteur Deshayes pour lui adresser ses compliments et voici les dernières lignes de la lettre que celui-ci lui adressa, en retour : « ... Si vous avez été contente, Madame, en lisant mon éloge, moi, j'ai *osé,* en rentrant, le soir de la première, *regarder sans trop trembler le buste de votre mari...* »

Oui, vous haussez les épaules ! Evidemment, c'est là du style mélo... dam ! à l'époque où florissait brillamment le romantisme, les acteurs qui, le soir, avaient à prononcer des phrases ampoulées ne pouvaient dans la journée filtrer leur langage, mais tout de même... tout de même... si la forme était un tantinet ridicule, comme le fond montrait bien une candeur, une naïveté touchantes qu'on chercherait vainement chez les comédiens de nos soirs !

Notons pour suivre la chronologie qu'en juin 1874, Mme Marie Laurent obtint devant la deuxième Chambre du Tribunal civil sa séparation de biens d'avec Desrieux, son mari. Dans l'intérêt de sa carrière artistique, disait-elle, et dans celui de sa fille, âgée alors de seize ans, elle demandait que le fruit de son talent cessât d'être exposé par suite de l'administration d'un mari, excellent époux mais détestable comptable. Desrieux ne se fit même pas représenter.

Tombé gravement malade vers cette époque — d'aucuns le prétendaient atteint d'aliénation mentale — des soins énergiques le rappelèrent pendant quelque temps à la raison, mais pour peu de jours. Il mourut au début de juin 1876.

CHAPITRE IX

L'Orphelinat des Arts. — Chevalier de Légion d'honneur. — Bénéfice à l'Opéra. — Mort de Marie Laurent.

Dans sa longue vie d'artiste, Marie Laurent avait rencontré, on le pense bien, d'innombrables et touchantes misères ; elle vieillissait dans un monde où l'insouciance de l'avenir fait aux brillantes gloires des lendemains tragiques ; elle avait vu des enfants d'artistes illustres manquant de pain ! aussi, eut-elle l'idée merveilleusement charitable de créer l'*Orphelinat des Arts*, qu'elle dirigea à peu près vingt-quatre ans (1880-1904). Des orphelines de peintres, de musiciens, comédiens, hommes de lettres, furent recueillies dans cette maison, élevées, instruites, pourvues d'un métier. L'œuvre n'était pas riche, on s'appliqua à l'enrichir. Aux cotisations et à la vente annuelle de l'Orphelinat s'ajoutèrent des dons, des legs, des subventions. Œuvre admirable dont Marie Laurent fut l'âme jusqu'au dernier moment de sa vie, secondée par de précieux dévouements.

Le 12 juillet 1888, Mme Marie Laurent fut nommée chevalier de la Légion d'honneur, comme présidente, directrice et fondatrice de l'Orphelinat des Arts. Elle était officier d'Académie depuis 1885.

Au sortir de la représentation de l'*Aïeule* (Ambigu, 1893), mélo en cinq actes de d'Ennery et Ch. Edmond, la presse décréta unanimement, à propos de celle qui, tour à tour joua de façon si remarquable trois rôles des plus différents, celui de Clytemnestre, celui de Phèdre, et celui de l'aïeule, que décidément Marie Laurent était une grande artiste. Certes, celle qui sut exprimer si complètement les fureurs horribles du drame antique, les passions de la tragédie racinienne et les terreurs du mélo moderne fut une comédienne hors de pair qui mérita bien ce titre que, de nos jours, on prodigue un peu trop à la légère.

Un jour vint, celui de l'apothéose, son bénéfice à l'Opéra.

Le 6 juin 1901, l'affiche collée sur les murs extérieurs du monument Garnier était ainsi rédigée :

CE SOIR

Représentation extraordinaire au bénéfice de

Mme Marie LAURENT

et le programme mentionnait :

1re **Ouverture de ZAMPA**

2. **LES ÉRINNYES**

Tragédie antique de LECONTE DE LISLE (2e partie)

Orestès....................................	MM. Paul MOUNET
Un serviteur....................................	RAVET
Klytaimnestra....................................	Mmes Marie LAURENT
Elektra....................................	S. WEBER
Isméria....................................	DELVAIR
Kallirrhoë....................................	FOUQUIER

3. **ALCESTE**

de GLUCK (2e tableau)

Chanté par Mme ACKTÉ et M. DELMAS

4. **DANSES GRECQUES**

Mlle SANDRINI et les sujets de la danse

5. **Ouverture du DOMINO NOIR**

6. **ROMÉO ET JULIETTE**

(4e acte) de J. BARBIER et M. CARRÉ; musique de Ch. GOUNOD

Roméo....................................	MM. ALVAREZ
Frère Laurent....................................	DELMAS
Capulet....................................	BARTET
Juliette....................................	Mmes Adelina PATTI
Gertrude....................................	BEAUVAIS

7. Hommage à Marie LAURENT, poésie de Catulle MENDÈS dite par M. MOUNET-SULLY, doyen de la Comédie Française

8. Compliment de M. Aug. DORCHAIN, dit par Mme RÉJANE, accompagnée de deux petites filles de l'Orphelinat des Arts

9. Ballet de **Don Juan** (Mozart) dansé par Mlles HIRSCH, Désirée LOBSTEIN, PIODI, RÉGNIER, VIOLLAT, SALLE, VAN GOETHEN, H. RÉGNIER, BEAUVAIS, G. COUAT, BARBIER, CARRELET, MEUNIER, BILLON, MOURET, PARENT, MESTAIS, L. MANTE, L. PIRON, L. COUAT, BOOS, S. MANTE, DOCKES.

Le programme dessiné par Jules Chéret.

La soirée fut copieuse, la Grèce y fut fêtée plus qu'un autre pays, d'abord avec *Klytaimnestra*, ensuite avec

Alceste et finalement avec les danses de Mlle Sandrini.

Les applaudissements ne manquèrent pas aux artistes. Le public parut prendre un plaisir extrême au défilé de tous ces péplums et personne ne remarqua ou ne voulut avoir l'air de remarquer l'absence du ténor transalpin Tamagno qui, bien qu'ayant promis son concours, se récusa au dernier moment, alors que le programme était déjà tiré.

L'enthousiasme déborda par deux fois : à l'acte de *Roméo*, dans lequel Mme Patti fut longuement acclamée et à la cérémonie des Adieux, quand Mounet-Sully et Réjane eurent tour à tour dit un compliment ému à Marie Laurent.

Une immense corbeille garnie de 165 roses portait sur un ruban cette inscription : « Vos 165 filles de l'Orphelinat. »

Roty, en sept jours, grava une médaille pour la lui offrir.

— « Ah ! écrivait Marie Laurent, au lendemain de cette fête inoubliable : quoi que j'aie pu faire, je suis payée au centuple de mes efforts et de mes travaux. »

La recette atteignit soixante mille francs, en chiffres ronds. Mme Marie Laurent resta debout jusqu'à la dernière heure, jouant encore, jouant toujours.

Sa dernière création fut dans la *Chanson de Paris* (son chant du cygne) de Jules Mary, à l'Ambigu, direction Holacher. Elle s'éteignit dans sa villa de Villiers-le-Bel, au début de juillet 1904.

Les obsèques eurent lieu le 7, d'abord à Villiers, où la troupe rendit les honneurs, puis, dans l'après-midi, au cimetière Montmartre, au milieu d'une foule immense. Mes chers amis, disparus aussi, eux, Adrien Bernheim, commissaire du gouvernement et fondateur de cette œuvre également philanthropique des « Trente ans de théâtre », et Louis Leloir, sociétaire de la Comédie-Française (celui-ci au nom de l'Association des artistes dramatiques) saluèrent pour la dernière fois la défunte, tandis qu'un ouvrier disait : « Elle a fait assez pleurer dans sa vie, pour qu'on pleure un peu après sa mort. »

CHAPITRE X

Blagues en scènes. — Les descendants de Marie Laurent

Si les comiques sont parfois portés par leur tempérament à faire des blagues en scène, le plus souvent, pour ne pas dire toujours, dans le but d'amuser leurs camarades, les acteurs dits sérieux ne s'en privent pas non plus, eux aussi.

Est-ce poussés par le naturel besoin d'équilibrer leur état d'esprit, de contre-balancer les effroyables situations tragiques dans lesquelles l'auteur les force à se débattre, de trouver là une soupape, un exutoire qui maintient leur humeur en son état normal, toujours est-il que ce sont principalement les acteurs de drame qui se font des farces entre eux.

Marie Laurent, qui a été assassinée, empoisonnée, massacrée tant de fois, après avoir cherché sa fille, tous les soirs, pendant soixante ans, éprouvait plus qu'aucun de ses camarades l'impérieux besoin de se détendre les nerfs. Et, disons-le, sans crainte d'être démenti par ceux qui la connurent, elle ne laissa jamais échapper l'occasion qui s'offrait à elle « d'en faire une bien bonne ».

Dans les situations les plus terrifiantes, alors que la

salle haletante, frissonnait d'épouvante et d'effroi à ses accents dramatiques, elle profitait du court moment où elle tournait le dos au public (à cette époque, quand un acteur tournait le dos au public, ce n'était jamais que pour un court moment... enfin, comme Malherbe, Antoine vint !) pour demander au traître, *en louchant* :

— Rends-moi mon enfant, misérable !

Le traître, à la vue de ce strabisme soudain, pouffait; et le public de se demander :

— Qu'est-ce qui lui prend ? il n'y a pas de quoi rire !

Un jour de l'an, Marie Laurent jouait le *Fils de la Nuit,* un succès bicentenaire, en compagnie de Mme Guyon avec laquelle elle s'entendait très bien. Chacune cherchait ce qu'elle pourrait faire à l'autre comme niche.

La grande scène roulait sur la substitution d'un enfant. Ghebel avait mis son fils dans le berceau du fils de la duchesse. Celle-ci voulait lui faire avouer le crime, et Ghebel soutenait son mensonge avec audace, répétant à chaque réplique : « C'est votre fils, madame. »

Or, ce 1er janvier, en disant ces mots, Marie Laurent sortit de son corsage un petit bébé et lui fit faire « couic ! couic ! » dans le dos de Mme Guyon qui, étouffant son rire, se recula d'un pas et fit crier également derrière son amie un second bébé qu'elle venait aussi de tirer de son corsage.

Toutes deux avaient eu la même idée !

Inutile de dire le rire irrésistible qui s'empara des deux comédiennes mises dans l'impossibilité absolue d'articuler un mot.

Dans la reprise de la *Bouquetière des Innocents,* au Châtelet, en 1873, Marie Laurent jouait le double rôle de la maréchale d'Ancre et de Margot.

Montal, un convaincu qui jouait Concini, avait le défaut de postillonner d'une façon fâcheuse. Ne sachant comment... se préserver, pendant la grande scène où il complote la mort de Henri IV, Marie Laurent qui lui donnait la réplique, sortit de sa poche une minuscule ombrelle et la mit devant sa figure, pour éviter les humides projectiles de son camarade.

Elle fit cela si sérieusement que le public, qui était gobeur à cette bienheureuse époque, crut que c'était là un accessoire du costume — et avala la plaisanterie comme du petit lait. Dans *Michel Strogoff,* elle retira les bottes de Deshayes, au pied d'un arbre et comme il était aveugle (dans la pièce !)... elle les emporta.

Evidemment, toutes ces anodines plaisanteries doivent paraître bien innocentes, bien puériles aux yeux des gens qui ne sont point du métier mais qu'ils se rappellent le collège (ou le couvent) au moment de l'étude du soir, l'église pendant l'office du matin, bref, tous les endroits où l'on ne doit pas rire, le silence étant obligatoire... eh ! bien, il suffit d'une mouche qui vole, d'un rien pour déclencher l'hilarité. Dans je ne sais plus quelle pièce classique au Théâtre Français, Delaunay-Valère et Croizette-Clélie aperçoivent, entrant en scène, sur le somptueux canapé Louis XIV un plumeau que l'accessoiriste y avait oublié, il n'en fallut pas davantage pour déchaîner chez nos deux sociétaires un fou rire qu'ils eurent un mal infini à réprimer. Empressons-nous d'ajouter d'ailleurs qu'à Paris, le public, bon enfant, qui aime ses artistes, ne se vexe pas, dans ces cas-là, de voir les acteurs s'amuser d'un incident inattendu, leur prouvant même par ses applaudissements qu'il prend part, lui aussi, à cette gaîté que le spectateur provincial jugerait peut-être « intempestive ».

Au surplus, Marie Laurent avait beau jeu de faire des blagues en scène pour amuser ses partenaires, car, rien ne la troublait, elle, sûre de toujours retomber sur ses pattes, autrement dit de ne jamais bafouiller. Elle possédait une mémoire exceptionnelle ; quand elle avait lu son rôle aux trois ou quatre premières répétitions, elle le rendait au régisseur, disant : « Je n'en ai plus besoin. »

Si les spectateurs de ce temps-là qui, juchés au paradis, mangeaient du saucisson en en réservant la peau au profit des crânes de l'orchestre, si ces titis étaient gobeurs, il faut constater qu'ils ne manquaient pas d'esprit, surtout de ce délicieux esprit d'à-propos dont, seul au monde, Gavroche possède le secret.

Dans la *Tour de Nesle,* mon ami Paul Jorge (duquel

je tiens l'anecdote), jouait, un soir, Savoisy aux côtés de ses illustres camarades Dumaine (Buridan), Taillade (Gauthier d'Aulnay), Marie Laurent (Marguerite). Excusez du peu !

A l'acte de la Cour du Louvre, Savoisy arrive, se dirige vers la poterne, quand il voit sa route barrée par un garde : on ne passe pas !

— Eh quoi ! Messeigneurs, le Louvre fermé à cette heure ?

Lorsqu'une voix enrouée tombe du ciel :

— Va au *Bon Marché,* vieux daim !

Les descendants de Marie Laurent.

Marie Laurent eut du premier lit deux fils :

Félix Laurent, *ingénieur civil, qui fit les aqueducs de la Vanne, le port de Tampico au Mexique, etc., et mourut après une longue maladie, à l'âge de cinquante-six ans.*

Charles, *journaliste, notre contemporain qui fonda le* Paris, *en* 1881, *fit une campagne contre Wilson, puis, contre le boulangisme, créa en* 1890 *le* Jour, *fut conseiller municipal, etc...*

Du second lit, deux filles :

Mathilde, *célibataire, artiste peintre, directrice de l'Ecole d'art.*
Eugénie, *enfant, mort en bas âge.*

Félix Laurent, lui, eut deux enfants :

Pierre, *agent d'assurances.*
Jeanne, dite Marie Laurent (11), *comédienne qui épousa le jeune comique Constant Poggi, connu au théâtre sous le nom de Draquin.*
Charles LAURENT *eut une fille, Marthe Laurent* (12) *blonde et*

douce comédienne qui fut ma camarade au Vaudeville. Elle épousa Albert Mayer, qui lâcha le plateau pour l'écran. Ce qui est dommage, car Albert Mayer fit jadis au Grand-Guignol parler de Lui. *Cet acte d'Oscar Méténier* (Lui) *fut le commencement de cette série horrifiante qui devait faire la fortune de ce théâtre dont la scène est rougie du sang des acteurs. Brrrou!*

En passant, je soumets au peintre de talent qui serait à court de sujets à traiter, en vue du prochain salon, celui-ci : L'Ecran terrassant le Rideau... *autrement dit* Le Cinéma ayant vaincu le Théâtre. *Cette toile sur la cimaise la plus éclairée du salon de* 1929 *ne passerait certainement pas inaperçue. Idée à creuser. Albert Mayer est le frère de mon vieux copain du Conservatoire, Henry Mayer, sociétaire honoraire et honorable de la Française Comédie, du Tripot Comique, comme l'appelait déjà ce bon Voltaire.*

CHAPITRE XI

Commencement des *Mémoires* de René Luguet, par lui-même.

Et maintenant, passons à René Luguet.

Ah ! celui-là, je puis en parler ! non par ce que l'on m'a raconté sur lui, mais parce que je l'ai fréquenté pendant plusieurs années.

Je ne veux pas exagérer et dire : Luguet fut le type le plus cocasse que j'aie rencontré de ma vie... non ! j'ai connu, au cours de mon existence, pas mal d'originaux; mais si René Luguet n'arrive pas bon premier, il se place fort second. Mon Dieu ! que cet être m'a fait rire ! quelle fantaisie dans le caractère ! comme on devinait bien à sa façon de s'habiller, d'agir, de vivre enfin, qu'il était d'une époque où on ne s'en faisait pas ! — pour parler comme aujourd'hui. Quelle indépendance dans les manières ! Quel boute-en-train ! Retrouvait-on assez en lui l'esprit de ses familiers Henri Monnier, Lambert Thiboust, Gil Pérez et autres broyeurs de rose ! Ah ! celui-là n'était pas neurasthénique, je vous prie de le croire ! Que de fois je m'en suis voulu de n'avoir pas écrit, en rentrant chez moi, après le spectacle, les histoires qu'il nous racontait au foyer ! C'est mon cruel regret ! Enfin ! Je ferai appel à ma mémoire et espère bien en être entendu.

Avant de vous citer quelques-unes de ses fantaisies, je vais respectueusement lui laisser la parole... oui, il va lui-même vous raconter ses débuts... ils ne sont pas ordinaires. Son entrée dans la vie... théâtrale n'est pas banale ! Vous allez passer un bon moment à le suivre, car j'ai la grande chance de posséder une partie de sa biographie écrite de sa main. C'est à Marie Luguet, sa chère fille, que je dois ce manuscrit. J'avais toujours désiré le faire connaître au grand public. Le jour est venu.

Je ne suis pas atteint de la turlutaine des *mémoires* et je n'ai pas la prétention de buriner pour la postérité. Les générations futures auront d'autres chiens à fouetter, avant de s'intéresser à ce que je faisais pendant que la France accouchait de la troisième République.

J'ai voulu tout simplement noter mes débuts au théâtre et les incidents bizarres qui ont précédé mon entrée dans la carrière.

Ces anecdotes professionnelles sont adressées à mes amis; quant aux autres...

Voici donc comment je devins artiste dramatique... en passant par la *Prise d'Alger*.

Nous étions en 1830.

M. et Mme Luguet, escortés de quatre enfants, faisaient partie de la troupe d'Aix-en-Provence.

M. Luguet, première basse-taille et père noble dans la comédie, Mme Luguet, forte première chanteuse et premier rôle de drame, le tout aux appointements de 350 francs par mois pour eux deux.

Ce qui fait que le père Luguet disait parfois en soupirant :

— Je voudrais bien avoir le truc de l'officier de la *Dame blanche*, lequel avec 1.200 francs d'appointements achète un château sur ses économies ; je gagne trois fois plus que lui et je tire le diable par la queue.

Le digne homme oubliait qu'il avait à ses trousses quatre gaillards aux dents de requin et à l'estomac d'autruche. Sans compter qu'il fallait chaque mois, pour cause de croissance, allonger les jambes et mettre des soufflets au fond des culottes.

La petite Marie (devenue la grande *Marie Laurent*) était l'ange consolateur du père et de la mère.

Les trois garçons n'étaient pas du tout la tranquillité des parents, mais la désolation des voisins par leur tapage et leurs gamineries ; ce n'était du matin au soir qu'une procession de plaignants : — Monsieur, votre Henri m'a cassé un carreau avec sa toupie... — Madame, votre Eugène mange mes pruneaux d'étalage... — Votre René (1), qui commande la bataille des gamins du faubourg, a roulé mon garçon dans la boue !

Le père Luguet partait, furieux... et le général René rentrait à la maison avec l'empreinte des coups de pied au derrière... quel affront pour l'armée !

— Misérable ! me disait mon père, regarde ta culotte déchirée ! un pantalon que j'ai porté cinq ans, sans une tache ni un accroc...

Dame ! c'était un peu à cause de ça...

La pauvre mère Luguet, douce et patiente, cousait, lavait, rafistolait, en répétant tout bas les rôles de *La Mère coupable* et du *Château de Montenero,* et en préparant la pâtée de la meute turbulente.

(1) Quand il se prénommait lui-même, Luguet prononçait « Réné »; je n'ai jamais su pourquoi.

Les choses allaient ainsi, lorsqu'un jour, Eugène et Henri, ayant fait une frasque plus grave que d'ordinaire et redoutant une correction sérieuse, ne rentrèrent pas à la maison.

On crut d'abord à une école buissonnière mais la nuit vint et se passa sans nouvelles.

La colère fit place à l'inquiétude.

Où étaient-ils ? qu'étaient-ils devenus ?

Notre mère pleurait à chaudes larmes, pendant que le père Luguet courait à la police pour faire sa déclaration. Nul indice. Cela prenait de sombres proportions... toute la ville se préoccupait de cette aventure... nous étions tous affolés.

Lorsqu'un roulier, arrivant de Marseille, vint déclarer qu'il avait rencontré à deux lieues de cette ville, deux gamins de dix à douze ans, vêtus de blouses bleues avec ceintures de cuir noir, et coiffés de bérets rouges.

C'était bien là leur signalement, nous étions sur leurs traces. Mon père me fit appeler et me tint ce langage :

— René, tu es le plus grand, le plus raisonnable, c'est toi que je charge de ramener tes frères à la maison, dis-leur que je pardonne ; ils seront assez punis en apprenant le chagrin qu'ils ont causé à leur mère : tu vas partir pour Marseille ; voici une lettre adressée au commissaire de police, qui te donnera aide et protection.

Pendant ce temps-là, ma mère préparait un petit paquet de voyage. Elle y ajoutait quinze francs.

Mon départ se fit au milieu des sanglots.

— Ah ! mon pauvre René, me disait ma mère, ramène-les bien vite ; car nous avons beaucoup de chagrin.

Je ne me rendais pas compte de tant de désespoir, puisque mon absence ne devait être que de trois jours à peine ; mais qui pourrait expliquer les terreurs d'une mère ? Elle m'a rappelé ses tristes pressentiments lorsque, *dix ans après*, je la revis pour la première fois.

Je partis donc ; mon père me conduisit aux portes de la

ville... et il me serra dans ses bras sans pouvoir dire un mot... il était très pâle.

Moi, j'étais partagé entre le chagrin de cette séparation et le charme de l'inconnu... la liberté... l'espace... et la mer ! que je n'avais jamais vue...

. . . .

Si je retrouve mes frères, me disais-je, nous rentrons à la maison et tout est bien. Mais si je ne les retrouve pas, que ferai-je ? Revenant seul, je serai en proie à des soupçons de négligence ; plus on pleurera mes frères et moins on m'aimemera, moi qui n'aurai pas justifié la confiance que l'on avait en mon dévouement. Et puis ces quinze francs, je savais bien que c'était une forte brèche sur la vie de la maison... Pour la première fois, je compris que nous étions une lourde charge pour nos parents.

Je pensais qu'il serait beau de gagner de l'argent et de le leur apporter chaque jour... oui, mais comment ?... je savais à peine lire... apprendre un état ? lequel ?... entrer au théâtre? on me trouverait trop jeune!... Bah ! quelque chose me disait que j'approchais d'un pays où ma vie allait s'affirmer ; une heure après, j'étais en haut de la côte d'où l'on découvrait Marseille et enfin, la mer ! !

Ah ! je ne fus pas long à dévaler jusqu'à la grande phocéenne... Une fois au milieu des vacarmes du port, j'étais comme un chien fou ! Ces cris, ces idiomes, cette foule bigarrée, cette fourmilière cosmopolite, cette forêt de mâtures... j'aurais voulu avoir des yeux tout autour de la tête pour ne rien perdre de tout cela ! On ne parlait pas, on criait ; on ne marchait pas, on courait..., tout ce monde avait l'air de déménager devant l'incendie !

Je fus distrait de ma contemplation par une douzaine de gamins du port qui jouaient à saute-mouton.

J'entrai dans la partie ; il y avait là deux ou trois mousses que je visais de préférence, espérant visiter grâce à l'un d'eux un trois mâts dans la rade.

Je fus servi à souhait, car le patron de mon nouvel ami venait d'accoster et dit au mousse :

— Prends le canot, retourne à bord, je vais y envoyer un maître calfat.

— Viens, me dit, à son tour, le mousse, le maître calfat ne se fâchera pas ; c'est m'n'oncle.

Et nous voilà sur le pont... Que cela me parut grand et beau ! Comme je manifestais mon admiration :

— Ce n'est rien tout ça ! me fait un vieux marin qui riait de mon ébahissement, ce qu'il faut voir c'est l'escadre en train d'appareiller en rade de Toulon, des navires dix fois plus grands que tous ceux qui sont là, dix mille canons montrant leurs gueules aux sabords et trente mille hommes là-dessus pour aller chambarder le port et la ville d'Alger. Tu en aurais pour huit jours à ouvrir les yeux sans boire ni manger.

— Est-ce que c'est loin, Toulon ? lui demandai-je, émerveillé.

— Pour un mousse de ton âge, c'est une affaire de cinq à six heures, et tu peux coucher à Toulon.

Je ne fus pas longtemps à me décider ; il me restait douze francs ; il était une heure ; à sept heures au plus tard je pourrais voir l'escadre.

Au milieu de mon enthousiasme, je ressentis comme un serrement de cœur... A ma honte, je me rappelais, pour la première fois, la mission dont j'étais chargé par mon père... mais l'insouciance est un défaut de jeunesse, et puis, comme on croit toujours ce qu'on désire, j'étais persuadé que n'ayant pas rencontré mes frères à Marseille, je les trouverais cerrainement à Toulon... et me voilà parti !

Après une traite de deux heures de marche, croyant avoir fait le tiers du chemin, je m'adressai timidement à un vieux bûcheron :

— Y a-t-il encore loin, d'ici Toulon ?

— Ah ! dame ! vous en avez bien pour six heures.

— Six heures !... mais en sortant de Marseille on m'a dit que je n'en avais que pour six heures...

— Ah ! bien, c'est un arpenteur qui vous a dit ça ! mais pour un marcheur de votre âge, ce sera plus long...

Consterné, je repartis sous la voûte de ces grandes futaies.

Mais je m'alourdissais et déjà, cette nuit que je craignais étendait son voile sombre ; quelque temps après, je ne distinguais plus que la blancheur de la route...

Je m'allongeai sur le sol et m'endormis, en pensant au jour ensoleillé du beau port de Marseille.

Je fus tiré de mon sommeil par les aboiements d'un gros chien, en arrêt devant moi ; le jour commençait à poindre, je vis une de ces voitures habitables, à l'usage des saltimbanques, puis, une charrette chargée de matériel et une dizaine de forains débraillés mais de physionomies intelligentes avec quelque chose de bienveillant dans leurs allures.

— Eh ! là-bas, mon p'tit ! me cria l'un d'eux, qu'est-ce que vous faites-là tout seul ? est-ce que vous vous êtes perdu en forêt ?

— Non, monsieur. Je vais à Toulon chercher mes deux frères qui sont partis de la maison. Alors, comme j'avais beaucoup marché, j'ai voulu me reposer et je me suis endormi.

— Comment ! vous allez comme ça, tout seul, à pied, jusqu'à Toulon ?

— Oui, monsieur.

— Oh ! le pauvre enfant ! s'écria une grosse commère ; puis, se tournant vers un vieux bonhomme qui rajustait la sous-ventrière du cheval, elle lui parla dans un idiome qui m'était inconnu et sur un signe d'assentiment, elle me dit :

— Venez avec nous, montez sur la charrette, à côté de mon garçon, nous allons à Toulon pour les fêtes d'embarquement ; ça vous évitera une trop grande fatigue pour votre âge.

Je ne fis pas de façons et grimpai à côté du jeune homme qui conduisait l'équipage.

On ne fut pas longtemps sans causer.

— Vous êtes du pays ? me demanda-t-il.

— Non, je suis de Paris ; j'étais à Aix avec mes parents ; c'est de là que mes deux frères sont partis.

— Qu'est-ce qu'ils font vos parents ?

— Ils jouent la comédie.

— Tiens ! c'est presque notre partie ! nous, nous jouons des pantomimes et nous dansons sur la corde.

— La danse de corde ! nous savons ce que c'est dans ma famille, car, je suis le petit-fils de la Malaga.

A ce nom, mon interlocuteur tendit les guides ; il arrêta brusquement le cheval, et me regardant bien en face, me dit :

— Vous êtes le petit-fils de la Malaga ?

— Oui, monsieur.

Alors, il se mit à crier : Boromée ! Catherine ! Mercédès ! et debout sur son siège, ce jeune garçon me désignait en prononçant avec emphase le nom de Malaga.

Je fus aussitôt entouré par toute la troupe.

Ce fut alors à qui viendrait me tendre la main.

— Monsieur *de* Malaga, me dit avec solennité le Directeur, j'ai eu l'honneur de mettre du blanc sous les semelles de madame votre aïeule à une grande fête de Versailles, en présence de plusieurs têtes couronnées.

Et ce furent des légendes, des anecdotes et des marques de respect à n'en plus finir ! En arrivant à l'auberge, au bout de la forêt, une vaste maison où les rouliers faisaient halte en allant de Toulon à Marseille, un réjouissant fumet de soupe aux choux me mit en grand appétit.

Je fis honneur au plantureux déjeuner, mais quand je voulus payer mon écot, mes compagnons de route refusèrent absolument (vous n'y pensez pas ! le petit-fils de la Malaga !) et je repris ma place au chariot, mais cette fois, ce fut le directeur qui monta sur le siège.

Alors, il m'initia au glorieux passé de ma grand'mère ; il avait parcouru l'Europe avec elle ; il avait assisté aux fameuses luttes entre la Malaga et la célèbre Saqui ; il me donnait son appréciation. La Malaga était plus classique, plus correcte, mais la Saqui, plus fantaisiste et plus téméraire. Ces deux étoiles du balancier s'étaient longtemps disputé l'empire de la corde raide.

— Tenez ! voilà Toulon, me dit-il tout à coup, en me montrant du bout de son fouet un fort qui domine la rade, et une demi-heure après, nous entrions dans la ville à la triple ceinture.

Après avoir bien remercié tous ces braves gens, je me dirigeai vers le port.

Cette fois, je fus abasourdi... émerveillé ! Le port de Marseille n'était plus que l'île des muets en comparaison du branlebas général auquel j'assistais ! les régiments arrivaient de toutes parts ; l'artillerie et la cavalerie embarquaient... d'innombrables chalands transportaient les chevaux, les navires de haut-bord absorbaient des bataillons... les appels de tambours... les cris... les fanfares... un indescriptible va-et-vient... les brillants uniformes... les drapeaux fleurdelisés... et le canon tonnant sur le tout... j'étais éperdu ! Je regardais d'un œil d'envie ces gentils petits mousses, serrés à la taille, le chapeau campé sur le derrière de la tête... j'allais et venais d'un bout à l'autre du port qui n'était qu'une longue file de cabarets où les tables, couverts mis, attendaient les clients.

Elles furent bientôt envahies. Je fis comme tout le monde, je m'assis, choisissant une table où venaient de s'installer quelques matelots ; j'étais à côté d'un mousse et vis-à-vis d'un vieux loup de mer tout balafré.

Mon petit voisin était communicatif, la connaissance fut bientôt faite. Entre gosses, le protocole n'existe pas.

— Alors, vous êtes mousse ? demandai-je à mon voisin.

— Oui, me répondit-il, j'appartiens à la frégate *Artémise*, mais je vais passer au vaisseau *Amiral*.

— Comment s'y prend-on pour être mousse ?

— Dame ! on a un proche parent qui vous présente, ou bien un répondant... c'est facile à présent ; on en cherche pour l'escadre, parce qu'il y a bien des gens qui renâclent, vu qu'on va taper dur, et qu'ils ont peur de la jambe de bois...

Je devins rêveur... un répondant... où le trouver ?

Relevant la tête, je vis qu'on placardait au coin d'une rue des affiches multicolores annonçant toutes sortes de spectacles et curiosités, à l'occasion des fêtes d'embarquement. L'affiche du théâtre portait en grosses lettres:

LA DAME BLANCHE
pour les débuts de M. Buys, premier ténor

Quel coup du ciel ! cet artiste était un vieil ami de mon père ; ils avaient commencé ensemble, ne s'étaient jamais perdus de vue et se tenaient toujours au courant de leurs débuts, de leurs changements de direction. Mon salut était là.

Cinq minutes après, le concierge du théâtre me donnait son adresse et bientôt je frappais à sa porte :

— Monsieur Buys ?

— C'est moi.

— Je suis le fils Luguet.

— Est-il possible ? cher enfant ! vous êtes le fils de mon vieil ami ? Comment se porte-t-il ? et par quel hasard êtes-vous à Toulon ?

Je n'avais pas prévu cette question.

Elle m'embarrassait beaucoup... mais je ne fus pas long à me remettre et répondis avec un aplomb imperturbable :

— Voilà ce que c'est : je disais toujours à mon père que je voulais être marin, et comme on parle beaucoup, en ce moment, de la prise d'Alger, j'ai demandé à partir. Il a fini par me donner son consentement, et comme il est retenu au théâtre d'Aix sans pouvoir s'absenter, il m'a chargé d'une lettre pour vous, afin que vous le représentiez à l'Amirauté, il a dit que ça ne souffrirait aucune difficulté.

— Eh ! bien, mon cher enfant, donne-la, cette lettre.

J'avais trouvé assez vite la première partie de cette narration, il ne fallait pas balbutier la seconde.

— Voilà..., dis-je lentement pour donner aux idées le temps d'arriver... je suis bien chagriné... figurez-vous que je suis venu à pied... en traversant la forêt de Luges... j'étais très fatigué... j'ai dormi sur l'herbe, et je ne sais comment ça c'est fait, mais j'ai perdu la lettre de mon père.

— Diable ! Diable ! mais c'est indispensable ! me répondit cet excellent homme ; il n'y a qu'un moyen : je vais lui écrire de m'envoyer une autre, procuration.

Fichtre ! ça ne faisait pas mon compte !

— Mais, Monsieur Buys, l'escadre part dans trois jours, vous n'aurez pas la réponse à temps... Oh ! je vous en prie, faites-moi recevoir mousse, puisque mon père m'a envoyé pour ça.

— Au fait, je suis lié avec le commandant du port, il a tous les jours des capitaines de vaisseaux à sa table... il saura bien lever les difficultés. Allons chez lui !

Introduits dans le salon qui précède le cabinet du commandant.

— Attends-moi là, me dit M. Buys, je vais d'abord entrer seul.

Et quelques minutes après :

— Viens, René, me dit mon correspondant, paraissant sur le pas de la porte.

J'entrai dans le cabinet du commandant.

— Ah ! ah ! voilà le sujet, dit celui-ci en m'examinant. Eh ! bien, mon garçon, tu veux donc manger des gourganes ?

— Des gourganes ! pensai-je... Qu'est-ce que ça peut bien être ?... dame ! monsieur le commandant, si c'est bon...

— Ça n'est pas ce qu'il y a de meilleur, mais tu t'y feras.

— Alors, monsieur le commandant, je suis donc reçu ?

— Oui; il y a bien par-ci par-là quelque défaut de formes, ajouta-t-il en clignant de l'œil à M. Buys... mais nous passons là-dessus, en faveur du Jean Bart de l'avenir. Docteur, examinez-moi ce petit mousse dans une pièce à côté.

Après m'avoir palpé, ausculté, devant, derrière, le docteur m'envoya reprendre mes habits, avec un léger coup de pied quelque part, en disant : *Bon pour le service !*

Le bon coup de pied ! je n'en avais jamais reçu d'aussi agréable !

— Eh ! bien, mon garçon, sois heureux, ajouta M. Buys, te voilà sur le chemin de la gloire, défends bien le pavillon...

Puis, il se mit à chanter d'une façon théâtrale ce refrain d'une chanson populaire à cette époque :

> Que l'ardeur qui t'entraîne
> Te conduise au combat.
> Tu nous quittes soldat,
> Reviens-nous capitaine !

Redevenant sérieux, il me serra la main en m'assurant qu'il allait écrire à mon père que tout s'était passé selon ses instructions.

Mon père ! ces deux mots me rappelèrent soudain à la réalité.

Cet honnête homme ne se doutait guère que ses bienveillantes paroles me frappaient en pleine poitrine. Ma conscience, réveillée, me bourdonnait aux oreilles les dernières paroles de ma mère :

— René, ramène-les vite, car j'ai bien du chagrin.

Le remords me mordait au cœur.. je baissai la tête... prêt à tomber aux genoux de ce galant homme... que je trompais indignement... lorsqu'un formidable coup de canon se fit entendre... je me redressai tout d'une pièce. Au second coup, tout s'envola de ma pensée...

Le souvenir de mon départ d'Aix, mon devoir, mes promesses, tout avait disparu... l'escadre ! la mer ! ! Alger ! ! ! tout flamboyait dans mon imagination !

Je me jetai au cou de M. Buys et suivis le contremaître qui me conduisit au bureau spécial pour les formalités d'embarquement.

Je fus, en une heure, tondu, habillé, matriculé et à bord du vaisseau *La Ville de Marseille*, commandé par le capitaine Robert et servi par 450 hommes d'équipage (1).

Un quartier-maître vint me prendre, et me conduisit à la batterie où étaient les crochets de mon hamac.

Pendant qu'il m'en démontrait la manœuvre, on sonnait la retraite.

— Couche-toi, me dit-il, à demain pour le reste.

Et je m'endormis, en me demandant si j'étais un héros ou un chenapan de la pire espèce.

Une commotion me fit tressauter dans mon hamac, il était cinq heures du matin, le canon venait de tonner le *debout !*... Toute la rade s'animait, j'entendais un bruissement et une clameur qui allaient s'augmentant, puis, tout à coup, et comme sur un signal, la Diane était saluée par tous les fifres de l'escadre.

On eût dit des milliers d'oiseaux gazouillant aux premiers rayons du soleil.

Les matelots quittaient le hamac, je fis comme eux, roulant et bouclant tant bien que mal mon petit matelas dans la toilure, et je pris rang pour le monter au bastingage.

Mais mon paquet était si mal ficelé que le caporal qui le recevait, le posant devant lui, dit aux camarades :

— Pas de bruit, les enfants ! on me présente une femme enceinte, faut en avoir soin... Dites donc, mossieu l'accoucheur, tâchez qu'elle soit délivrée demain, parce que ça tient trop de place et qu'en ma qualité de préposé à la literie,

(1) René Luguet fut donc mousse comme son illustre camarade Frédérick Lemaître. Seul point de ressemblance entre les deux artistes.

je me verrais forcé de vous loger avec elle sur les haubans pour vous faire voir d'où vient le vent. A bon entendeur, salut !

J'ignorais cette punition qui consiste à vous tenir pendant deux ou trois heures en équilibre sur ces hautes échelles de cordes, ce qui est très fatigant quand le roulis donne un peu.

Le lendemain, un camarade m'ayant donné le chic pour ficeler mon hamac, je le présentai droit et serré au caporal :

— Vous voyez ! la *mère* et l'*enfant* se portent bien... il ne sera plus question d'accoucheur.

Tout à coup, j'entendis crier : *En haut, les gabiers !* et je vis une foule de matelots s'élancer sur les haubans comme une envolée de perdreaux, et, courir sur les vergues. Mon enthousiasme était au comble ! j'avais des fourmis dans les jambes !

— Est-ce que je ne pourrais pas monter comme ça ? demandai-je au contremaître.

Il me regarda d'un air que je ne m'expliquai pas d'abord, mais que je compris plus tard...

— Gabier, dit-il à un matelot qui passait, voilà un nouveau qui veut visiter les hunes... tu vas lui faire faire sa première ascension.

— Entendu !

Deux matelots s'approchèrent de moi :

— Allons ! hop ! dans les hunes.

— Oui. Mais pourquoi êtes-vous deux ?

— Parce qu'il y en a un pour te montrer le chemin et l'autre qui te suit pour te tenir, si tu n'as pas le pied solide. Allons, mon petit, *en haut, les gabiers !*

Et il monta comme un chat sur les premiers filins des haubans... je le suivis assez gauchement... Je voyais l'officier de quart et deux ou trois aspirants qui souriaient, en me regardant.

— Comme tout ce monde-là est aimable, pensai-je, en grimpant avec peine.

Quand je fus à la hauteur du dixième échelon, ce filet branlant, cette mâture qui se balançait sur ma tête, ces vagues qui couraient aux flancs du navire... le sillage, cette traînée d'écume qui se perdait au loin... tout cela me causa bientôt un certain malaise qui me fit monter la sueur aux tempes... et l'eau sur les lèvres... je m'arrêtai fermant les yeux en serrant convulsivement les montants goudronnés qui me tenaient en équilibre.

C'était le moment psychologique et prémédité... la brimade traditionnelle... je me sentis saisi par le bas des jambes et fortement garrotté... puis, le matelot qui me précédait grimpa jusqu'au grand hunier ; il redescendit de l'autre côté pour rejoindre son camarade et tous deux m'adressèrent leurs félicitations moqueuses.

— Ohé ! là-haut ! puisque tu es en vigie, dis-moi si tu vois venir ma blanchisseuse.

— Ohé ! du gabier, j'ai jeté ma chique à la mer ! suis-la de l'œil, et dis-moi combien nous filons de nœuds.

— Je veux descendre ! criai-je avec fureur.

— C'est facile, mon p'tit, à l'heure des gourganes, faudra danser de ta chopine ; sans ça on te laisse au perchoir.

Je prononçai le oui de la victime et je fus délivré.

La glace était rompue, et mes deux camarades me promirent de faire promptement mon éducation maritime.

Enfin, le jour de l'appareillage arriva et la flotte, toutes voiles dehors, se mit en partance pour Alger !

Chaque navire prenait son numéro d'ordre, en gardant la distance réglementaire.

La situation était solennelle, car l'heure du retour ne devait pas sonner pour tous...

Le capitaine, habitué à ce moment psychologique, fit monter sur le pont la musique du régiment qui attaqua une marche guerrière et coupa court à la mélancolique rêverie. On cria : « Vive la France ! » et l'entrain reprit ses droits.

C'était l'heure du déjeuner.

Il y avait trente couverts.

Le nombre de domestiques étant insuffisant, on avait pris des mousses pour le service de la table...

Ce premier repas fut très joyeux.

La roideur des vieux grognards s'était vite apprivoisée au contact de l'esprit et de la gaîté de nos officiers de marine. La conversation entremêlait toutes sortes de sujets. On en vint à parler théâtre : je dressai l'oreille. Une grande discussion s'éleva. Il s'agissait de Mmes Georges et Duchesnois, deux étoiles de la Comédie-Française qui, depuis longtemps, se disputaient le sceptre de la tragédie.

Les deux camps discutaient en vain, nul ne voulant démordre de son opinion.

Un de nos officiers qui ne pouvait surmonter ce vacarme prit son porte-voix et se mit à beugler :

— Je suis seul dans le vrai ; mon mousse vient de crier : « Vive la Duchesnois ! »

J'étais derrière cet officier, pour mon service.

Tous les regards se portèrent sur moi, fort décontenancé, rouge comme une pivoine... j'espérais que l'on aurait passé à un autre ordre d'idées et que mon officier me lâcherait... Ah ! bien, oui ! Il cria de plus belle dans son porte-voix :

— Le mousse vous condamne... l'affaire est entendue !

— Qu'il s'explique ! criait-on. A la tribune, le mousse !

— Monte là-dessus ! me dit mon officier, me montrant un tabouret, et maintenant parle.

Je savais par cœur le jugement que mon père prononçait toujours quand on discutait devant lui le talent de ces deux grandes artistes.

Je le servis à ces messieurs :

— Chacune de ces deux artistes n'est que la moitié d'une grande tragédienne.

Ces premiers mots causèrent un étonnement profond; je poursuivis :

— Mlle Georges, c'est la majesté, la fougue, les terribles

fureurs... Mlle Duchesnois, c'est la tendresse, l'abandon, la douleur et l'exquise sensibilité. Elles se valent et ne peuvent se nuire. Si chacune d'elles pouvait ajouter à ses qualités celles de sa rivale, on aurait la perfection.

Pour moi, ce langage n'était qu'une leçon récitée par un simple perroquet. Mais pour l'assistance, ignorant que j'étais un enfant de la balle, je devenais un petit prodige de logique et d'éloquence.

Le capitaine de vaisseau savait à quoi s'en tenir, il n'ignorait pas que j'étais fils d'artistes ; lorsque ses voisins lui demandèrent d'où venait ce mousse à la mine éveillée, il eut pour moi l'heureuse idée de s'amuser et leur répondit :

— Ma foi, messieurs, je l'ignore ! Tout ce que je sais, c'est que l'amiral Duperré me l'a recommandé, sans autres renseignements que son nom de René. Je crois que c'est un fils de famille que l'on a voulu rompre aux rigueurs de la vie maritime. Le mousse de service placé derrière le capitaine avait tout entendu et vint me conter le chose.

A partir de ce jour, je fus traité — relativement — avec quelques égards. Ainsi, l'enseigne de vaisseau dont je faisais le service de table, laissait toujours une forte tranche de rôti intacte sur son assiette et comme il était d'usage que la desserte appartînt aux mousses de salle, après chaque repas, muni d'un plantureux *arlequin*, je faisais *vente* ou *largesses*, selon mes sympathies.

Ma turbulente jeunesse battait son plein dans ce milieu énergique et tapageur, mais je n'en avais pas moins au fond du cœur une incessante mélancolie... ma désertion du toit paternel ne s'effaçait pas de ma mémoire... et le remords venait souvent attrister ma gaîté.

Lorsque, la nuit, tout était silencieux à bord, ces remords me tenaient en éveil... et quand le vent mugissait à travers les cordages, il me semblait entendre les gémissements de ma mère désolée... Ces tristes heures d'abattement grandissaient en raison de l'éloignement... A terre, le repentir m'eût fait rebrousser chemin... j'aurais été me jeter aux pieds de cette mère vénérée... mais c'était fini !... L'immensité nous séparait... et cela pour longtemps peut-être !...

Le réveil de l'équipage. *La Diane au matin fredonnant sa fanfare* chassait tous ces papillons noirs... qui revenaient avec le crépuscule, plus nombreux et plus obsesseurs que la veille..

Un matin, la vigie cria : Terre !

Ce fut partout, à bord, un courant électrique. L'Afrique signalée ! Le grand drame militaire allait commencer !

On jeta l'ancre à quelques lieues d'Alger, sous le feu d'un fortin qui fut bientôt démantelé par une bordée de la flotte et enlevé par les premiers bataillons débarqués. Le campement se fit auprès d'une vieille tour abandonnée, un mousse eut l'idée d'y grimper avec moi. Une fois en haut, nous eûmes un spectacle splendide ! Toute cette armée débarquant sous le feu des canons nous causait une frémissante admiration !

— Si j'arborais le pavillon du canot ? me dit mon camarade.

— Oui, va le chercher !

La chose fut bientôt faite. Une immense clameur s'éleva de toutes parts, à cette apparition ; tous les hommes et les drapeaux semblaient se tourner vers nous.

Nous en étions à nous demander si nous n'avions pas fait une bêtise, lorsqu'un officier parut tout à coup :

— Lequel de vous deux vient d'arborer le drapeau ?

— C'est moi, dit mon camarade.

— Ton nom ?

— Marcel.

— De quel équipage ?

— De la frégate l'*Artémise*.

Après avoir inscrit ces renseignements, il lui donna cinq francs :

— Va boire à la santé du Roi qui se chargera de ton avenir pour ce que tu viens de faire...

Et il s'éloigna.

Nous ne nous rendions pas bien compte de l'importance du fait, mais enfin, les paroles de l'officier nous rassuraient et la pièce de cent sous fut *liquidée* avec quelques mousses qui gardaient les canots au pied de la tour. Il paraît que nous étions héroïques sans nous en douter ; car, ce campement aux pieds du beffroi était le point de mire de la batterie arabe et nous n'avions pas pris garde aux boulets qui passaient tout près de nous.

A partir de ce moment, l'armée marchait sur Alger, et la flotte gagnait la haute mer pour aller bombarder la ville, ce qui eut lieu quelques jours après.

Je laisse aux historiens spéciaux le récit de cette page de nos fastes glorieux. La ville s'étant rendue, on procéda au débarquement et à la prise de possession.

Quelle étrange cité pour un gamin de mon âge ! Les mosquées, les casbahs d'où j'ai vu sortir le dey d'Alger, avec tout son sérail !

L'année se passa vite pour moi ; après avoir été en croisière dans le Levant, on allait rapatrier sur Toulon.

L'émotion qui était grande quand on aperçut la terre de France devint presque aussitôt excessive. Une étrange agitation se manifestait autour du capitaine qui, la longue-vue braquée sur Toulon, n'en pouvait croire ses yeux.

Il n'y avait pas à cette époque de câble sous-marin ; les nouvelles politiques ne traversaient les mers que par des navires à voiles ; nous n'étions partis de Smyrne que le 30 juillet, il y avait donc trois jours que la Révolution s'était accomplie.

. . . .

Pendant ce temps-là nous approchions... tous les forts, tous les édifices étaient pavoisés de drapeaux tricolores... un canot de l'amirauté, gagnant le large, s'avançait vers nous. L'officier qui le commandait fut reçu à bord par l'état-major et tout l'équipage rangé sur le pont.

Il lut la proclamation relative à la chute des Bourbons, et au gouvernement qui lui succédait.

Après huit jours de quarantaine, on débarqua. Mon année d'engagement finie et n'ayant pas l'âge de la conscription, j'étais libre.

Je fis mes adieux à l'enseigne de vaisseau qui avait été bon et paternel pour moi. Il me conseilla de renoncer à la carrière maritime qui, faute d'éducation spéciale, ne m'aurait conduit à rien (1).

Je me résignai, le cœur gros, et à peine sur le quai de Toulon, je courus bien vite chez le ténor, M. Buys ; il était parti depuis trois mois ! on ignorait sa résidence ; mon père et ma mère avaient également fini leur campagne au théâtre d'Aix ; où étaient-ils ? Personne ne put me le dire au théâtre.

Me voilà battant le pavé avec deux cents francs dans ma poche (mes ressources de l'année), ne sachant où mettre le cap. Un mousse du bord partait à pied pour Lyon où était sa famille ; je fus son compagnon de voyage (2). Douze jours après, il me quittait sur le pont de la Guillotière, en m'indiquant la place des Célestins sur laquelle donnait le théâtre.

Tout un monde artistique grouillait là, devant le grand café ; ces figures inconnues avaient toutes ce cachet particulier aux comédiens de province. J'avais à côté de moi un monsieur discutant avec animation. Je compris qu'il était directeur d'une petite troupe qui allait voyager dans le midi. Il ne lui manquait plus, disait-il, qu'un garçon factotum, figurant, utilité, etc... Je ne fus pas long à me décider, je m'avançai vers lui.

— Pardon, monsieur. Je suis fils d'artistes, et je voudrais vous demander un renseignement, vous voyez à mon costume que je suis marin, je reviens d'un voyage dans le Levant, et

(1) Luguet avait appris à lire sur le bateau.
(2) Luguet fut toute sa vie un marcheur infatigable.

je ne sais plus en quelle ville mon père joue la comédie ; il se nomme Luguet.

— Luguet ?... oui, je le connais... je crois qu'il doit être cette année à Orléans... dans tous les cas, écrivez à un correspondant à Paris et vous serez fixé.

— C'est que... je n'ai ni le temps d'attendre la réponse, ni les moyens d'aller le retrouver... et puis, je lui serais à charge... je désirerais trouver un engagement pour faire ce qu'on voudrait dans une troupe d'artistes... je me contenterais de ce qu'on me donnerait.

Il m'examina avec attention et me dit :

— Je puis vous prendre avec moi. Vous n'aurez pas d'appointements, mais je pourvoirai à tous vos besoins ; vous serez figurant, utilité et donneur d'accessoires. Vous nous précéderez dans les villes pour arrêter l'auberge et faire poser les affiches dans les quartiers populeux.

La phrase : « Vous n'aurez pas d'appointements », qui ne prêtait à aucune amphibologie me rendait rêveur, mais craignant de ne pas conclure, je me mis aux ordres du directeur.

— Venez demain matin... nous partons dans trois jours pour Lons-le-Saunier, je vous mettrai au courant.

Le « pas d'appointements » me trottait toujours par la tête... enfin, le lendemain, j'étais à mon poste.

— Vous allez partir, me dit-il, je vais vous conduire à la voiture ; voici le montant de votre voyage. Vous déjeunerez à moitié chemin avec le conducteur, c'est convenu. En arrivant, vous irez à l'hôtel du Croissant, vous annoncerez l'arrivée de toute la troupe, neuf personnes; vous logerez là, vous y dînerez... modestement... vous ne devez pas être difficile. Voici cinq affiches, vous irez les poser.

Tout fut ponctuellement exécuté.

La troupe arriva : elle était bien primitive ; le spectacle se composait de : *Le Gascon à trois visages,* vaudeville dans lequel M. Laurençon, premier comique et premier danseur jouait un rôle à changements ; puis *Joko le singe du Brésil,* pièce en trois actes, moitié vaudeville, moitié ballet, dans laquelle le directeur Laurençon jouait le singe.

Cette pièce avait un divertissement dans lequel M. et Mme Télémaque, danseurs de caractère, donnaient un avant-goût de l'empire de Terpsichore, escortés d'un second couple et d'un troisième composé d'une figurante et moi. Pendant une heure chaque jour, on me faisait manœuvrer les 1, 2, 3, 4. ce qui est la base de la danse classique. Mais j'envoyais la jambe à gauche quand il fallait l'envoyer à droite, ce qui faisait pouffer les messieurs de l'orchestre. Grande fureur de Télémaque à chaque fin de spectacle.

Nous reprenions, le lendemain 1, 2, 3, 4, mais je ne mordais décidément pas à la chorégraphie... Télémaque me bousculait... j'étais patient... il s'en tenait aux paroles.

Un jour, exaspéré, il s'avança vers moi et me lança pour tout argument un coup de pied destiné à... l'arrière du bâtiment.

Je le guettais... et connaissant la parade, je saisis le bas de la jambe au vol et l'élevant au-dessus de ma tête, je lui fis faire un écart forcé qui l'étendit tout de son long par terre.

Il se releva, furieux ; je l'attendais... le directeur intervint et mit le holà, tout en reprochant à Télémaque d'avoir voulu me frapper.

Quelques instants après, j'étais seul au théâtre, M. Laurençon me dit :

— Vous tirez le chausson ?

— Dame ! oui, et je vous préviens que s'il recommence, ce sera cher.

— Je ne veux pas de batteries chez moi, dit-il, d'ailleurs j'ai un truc, qui, je l'espère, le rendra prudent. Laissez-moi faire.

Je ne comprenais guère; mais je m'en rapportai à ce juge du camp.

On voyageait sans cesse ; pourtant on restait quelquefois

plusieurs jours dans la même ville. Alors, on emportait des victuailles et on partait pour courir les bois et dîner sur l'herbe. C'était très gai.

Un jour, nous étions en forêt. Laurençon mit la conversation sur les bienfaits de la savate ; il affirmait qu'un homme relativement faible pouvait venir à bout d'un colosse, s'il possédait à fond les règles de cet art.

Dénégations de Télémaque vantant le privilège de la *force* et de l'*adresse* « inséparables de la *grâce* ».

— Tenez, dit Laurençon en me montrant, voici un gamin... nous sommes sur un beau tapis de mousse... eh ! bien, je parie que pas un de vous tous ne le flanquera par terre.

Un sourire de pitié accueillit cette prétention.

— Vous oubliez, fit Télémaque, que par état, je suis adroit et fort.

— Voyons ! qui veut essayer ? poursuivit Laurençon.

— Moi ! clama le danseur, et ça ne sera pas long. Allons, viens, petit, que je te règle !

Et il prit position.

Je vis du premier coup d'œil qu'il n'avait pas les principes préservatifs ; j'étais fixé. J'attendais pendant qu'il se livrait aux évolutions des gens qui ne savent pas tirer ; mais toutes ses attaques étaient parées bien tranquillement, ce qui faisait rire la galerie et le rendait furieux. Alors, il fit cette feinte naïve de me donner un coup de pied pour m'allonger une rude calotte ; mais son avant-bras saisi, je le passai brusquement sur mon épaule, en me tournant vivement et m'étant aussitôt courbé, il passa par-dessus moi pour s'étendre tout de son long sur l'herbe.

Ce petit triomphe me créa un irréconciliable ennemi ; l'ère des taquineries sournoises commença. Je sentis que cela finirait mal, et pensant d'ailleurs que je ne pouvais pas tomber en plus misérable condition, je résolus de partir.

On arrivait dans Avignon, c'était la grande partie. Nous devions rester quinze jours et récolter ferme... mais la première soirée fut une telle débâcle que M. le maire nous signifia d'en rester là.

Tout concourut au désastre, un incident plus que ridicule fut le coup de grâce.

Laurençon avait pour son rôle de singe un costume fort collant en peluche de couleur rousse, mais ne prêtant plus à l'élasticité, par suite de la transpiration qui avait desséché le tissu.

Ce costume servait depuis longtemps et des fissures indiscrètes se montraient de-ci, de-là, pendant les cabrioles de l'artiste.

On nous avait placés, un camarade et moi, de chaque côté du théâtre, dans la coulisse, armés d'un bouchon noirci, et chaque fois que Laurençon sentait l'air lui dénoncer une déchirure, comme son masque de singe l'empêchait de parler, il cabriolait jusqu'à la coulisse la plus proche et présentait sans en avoir l'air, son derrière au camarade qui noircissait rapidement l'accroc indécent.

Par malheur, j'étais jeune et sans pitié... je trouvai drôle de le frotter avec le côté qui n'était pas noirci. Le singe, plein de confiance, revenait à l'avant-scène et montrait trop... l'homme sous la bête...

De là, les sifflets, l'indignation générale, la toile baissée, etc... Le lendemain, la dislocation de la troupe était un fait accompli et je recevais vingt-cinq francs pour me tirer de là.

La vache enragée montrait de nouveau son mufle.

Le concierge du théâtre à qui je contais mes peines me dit :

— Il existe à Apt (quatre lieues de distance) une petite troupe de comédie, la famille Curet. Sur huit personnes, il y a sept parents... Père, mère, fils, fille, gendre... vous pourrez peut-être vous arranger là. Ils font les Hautes- et Basses-Alpes, Apt, Cavaillon, Sisteron, l'Isle-Vaucluse, Gap et Briançon...

Je partis.

Le lendemain, je me présentai chez M. Curet.

— Vous êtes bien jeune, me dit-il, vous n'avez pas de garde-robe... enfin, cela pourra se faire... je vous prends à l'essai... *sans engagement*. Le matin, à dix heures, vous aurez une soupe faite et servie par la directrice et vous coucherez *dans le théâtre* ; il y a, en magasin, un lit de sangle et un matelas pour les pièces où ce meuble est indispensable. Nous vous fournissons les draps et chaque soir, après le spectacle, vous choisissez la place qui vous convient.

Chaque soir, en effet, après le spectacle, j'ouvrais donc ce portefeuille à mon usage.

Quelques nippes et des manteaux de cour me servaient de couverture et je m'endormais sur les ailes de l'Espérance ! Quel doux oreiller que la Jeunesse ! Je ne dormis jamais si bien qu'en ce temps-là !

Il me fallait chaque jour aider le directeur à faire ses comptes et dépouiller la cassette. Ah ! cette cassette !... les artistes en représentations engagés au pourcentage ne se doutent pas de ce qu'elle leur coûte !... Celle de mon directeur avait deux clefs, une pour l'artiste de passage et l'autre déposée entre les mains du commissaire. Elle avait deux serrures différentes, cela ressemblait à une sérieuse garantie. Un jour, en l'apportant au contrôle pour l'ouverture, je trébuche dans l'escalier, la boîte tombe... et le truc se dévoile.

Elle s'ouvrait en dessous, tout bonnement, comme une boîte à dominos, en tirant la planchette du fond !

De sorte qu'en retirant chaque soir une vingtaine de billets à deux francs, l'un dans l'autre, ça faisait tomber... au fond de la poche directoriale 40 à 50 francs par représentation.

On me fit débuter dans l'*Héritière,* un vaudeville de Scribe. Je jouais dans cette pièce *un jeune homme du monde élégant* et comme je n'avais pour toute garde-robe de ville et de théâtre que mon costume de *marin* cela pouvait dérouter le public. Mais papa Curet, homme imaginatif, ne se troubla pas pour si peu ! voici sa trouvaille :

Avant mon entrée en scène, on faisait dire à la jeune comtesse :

— *J'attends la visite du marquis... vous savez, cet original qui chasse, toujours habillé en marin, sur le bord de la mer.*

Lorsque le spectacle ne se composait que d'une pièce, ça pouvait aller (!) mais quand il y en avait deux... et que j'étais des deux, naturellement... notre Curet n'était pas davantage embarrassé.

Si, dans cette seconde pièce, je jouais un domestique, par exemple, avant mon apparition, papa Curet qui jouait le baron disait d'un air las :

— Nous sommes fatigués, la baronne et moi, d'être servis par des domestiques infidèles et paresseux... aussi, avons-nous essayé *un brave marin qui a son congé... justement le voici...*

Le côté primitif de ce théâtre était fantastique et n'avait d'égal que la placidité du public.

On a souvent parlé de cette affiche de province annonçant que la musique d'un opéra nuisant à l'effet a été supprimée; eh! bien, sans aller aussi loin, j'ai vu et *participé* à une incroyable exécution. M. Curet s'était mis en tête de jouer la *Dame blanche* et cela *sans les chœurs* et *sans orchestre,* mais *avec la musique* ! Nous avions un chef d'orchestre... sans orchestre, c'est-à-dire sans musiciens ! et c'est ce chef qui, du pupitre, chantait *tout seul* les chœurs, en s'accompagnant avec son violon qu'il râclait avec fureur !

Je jouais Dickson et comme il me fallait un costume écossais, j'avais ma veste de marin et un jupon en soie à carreaux que la directrice, à qui il appartenait, avait raccourci, avec ça des bas blancs et un béret espagnol... c'était complet.

J'entrais et m'adressant à la *cantonade,* je chantais :

Mes amis
Partagez ma douleur mortelle
On ne peut (*bis*)
Baptiser mon fils.

Le chef d'orchestre-râcleur hurlait :

Et pourquoi donc ? (*bis*)
Il nous faut un parrain (*bis*).

Je répondais :

Justement (*bis*),
Nous sommes sans parrain !

Le chef :

Quel revers soudain !
Point de parrain !

Puis, il se dressait sur sa chaise et regardant au fond de la scène, il chantait (toujours en sciant ses cordes à boyaux) :

Mais quel est cet étranger ?
Quel est donc cet étranger ?

L'officier Georges entrait (c'était le père Curet, gros et gras comme Dailly (1), avec ses trois mentons et une voix... de râpe et de sucre...

Quant à l'air de : *Ah ! quel plaisir d'être soldat !* il en avait fait des stances ; pendant que le chef d'orchestre jouait l'air sur le violon, il les récitait.

Puis, au deuxième acte, venait la première chanteuse, la sœur aînée de papa Curet, ancienne diva des bourgades..., édentée, antripaillée, avec des minauderies de puberté qui ne sait pas ce que c'est !

La petite était capricieuse... et trouvant que le grand air du troisième acte « ne disait rien... » elle l'avait remplacé par l'air du « Barbier », dont le sens des paroles était énigmatique pour le bon public... peu importait !

(1) Aujourd'hui, on dirait : Pauley.

Rosine chantait donc — si on peut appeler ça chanter — mais comme le soufflet de la voix était crevé... elle remplaçait tous les points d'orgue... par un sourire.

Oui, Lindor
A su me plaire ;
Il a mon cœur
Il a (*sourire, clignement d'œil*) ma foi !

Et les deux ou trois vieux amateurs disaient :

— Elle n'a pas beaucoup de voix, mais quelle comédienne !

Comme bouquet de ce feu d'artifice fantaisiste, on m'avait distribué dans le *Barbier de Séville*, que nous montions, le rôle de Bartholo.

J'avais dix-sept ans et une voix d'enfant de chœur à piailler dans la Chapelle Sixtine, et quand je chantais l'air de basse profonde qu'on avait monté de *cinq tons* :

Croyez-vous
Qu'il soit bien facile
De tromper un docteur tel que moi ?

J'avais l'air d'un petit voyou criant par les rues :

Du mouron pour les petits oiseaux !

Tout cela est tellement à n'y pas croire que je me suis toujours abstenu de le raconter ; mais puisque je récapitule ma vie d'artiste, je dirai toute la vérité, rien que la vérité... que les mânes de la diva Curet me pardonnent !

Mon costume de marin s'usait... il commençait à dévoiler les dessous de cartes... lorsque le hasard me tendit une main secourable.

Un des notables de la ville, très assidu à nos représentations, et qui me trouvait intelligent, ne s'abusait pas sur les subterfuges de mes costumes.

Il me dit un jour :

— Ça doit bien vous ennuyer de jouer toujours avec la même défroque ?...

— Dame ! oui. J'attends un engagement *payé* pour me fournir le nécessaire.

— Eh ! bien, me dit-il, venez avec moi chez mon tailleur, il vous habillera, vous lui signerez une reconnaissance dont je répondrai et je vous donne *deux ans* pour me rembourser.

Je vous laisse à penser si ce bienfaiteur fut béni !

J'avais dans le théâtre un autre déshérité comme moi, un camarade de misère.

Un jour, il m'apprend qu'il part pour Metz, où son oncle, qui est concierge du théâtre et costumier, a besoin d'un apprenti, il se charge de le faire engager comme choriste ; je décide de partir avec lui, espérant que ma bonne étoile serait du voyage. Nous calculons nos ressources pour cette excursion (à pied, bien entendu), il avait soixante francs et moi... rien du tout... ça n'était pas assez.

— Je ne vois qu'un moyen, lui dis-je, c'est de m'adresser à mon bienfaiteur.

Cet excellent homme n'hésita pas ; il me félicita de quitter cette bohême sans issue.

— J'ai confiance en vous, je crois que vous arriverez. Je ne vous demande que votre parole... Voici soixante francs, partez et bonne chance !

Le lendemain, je dis à papa Curet que j'avais des propositions pour Metz, *avec appointements* et que je partais.

Il m'offrit alors de me donner un fixe mais la vache enragée que je mangeais depuis un an était par trop coriace, je voulais en changer.

Notre voyage se fit donc à pied ; dix-huit jours après, nous entrions dans Metz et le surlendemain, je signais, *enfin !* mon premier engagement avec appointements. Il me semblait que je faisais un pacte avec la Gloire et la Fortune... Il était bien modeste, ce premier contrat... mais je savais déjà l'histoire de bien des étoiles qui avaient commencé comme ça, et je signai avec confiance ce contrat si souvent entrevu dans mes rêves !

Année 1838
THÉATRE DE METZ

Engagement de M. René Luguet, emploi des seconds Colin, choriste, figurant, danseur au besoin, aux appointements de cinquante francs par mois.

Nota bene : La direction fournit les costumes.

Cinquante francs par mois !... on me croira si l'on veut, mais j'avais grand'peine à joindre les deux bouts... et comme il fallait avec ça me loger, me vêtir et me nourrir, il en résultait que de mois en mois les créanciers faisaient des petits.

Les créanciers, à l'encontre des fleurs, moins on les arrose, plus ils poussent... mais le théâtre est la patrie des Fées dont la baguette magique vient souvent en aide à la jeunesse ; la mienne m'apparut sous les traits de Mme Volnys, en représentations à Metz. Elle me trouvait drôle dans nos causeries du foyer et me remarqua dans deux ou trois bouts de rôles.

— Vous êtes un véritable enfant de la balle, me dit-elle, je vous recommanderai à quelque directeur pendant ma tournée.

Je reçus en effet vers la fin de la saison un engagement pour Besançon : quatre-vingts francs par mois. Emploi des jeunes comiques et des seconds amoureux.

Cette fois, c'était le Pactole qui allait couler chez moi ! Je devins presque sérieux... plus de bamboches, plus de querelles ; n'avais-je pas une mission artistique à remplir ?

Je reçus mon mois d'avance, comme il est d'usage, et après avoir confié ma malle au roulage, je partis, à pied (toujours) en compagnie d'un camarade qui allait à Dôle, dans le même département. Enfin, après bien des jours de marche, je faisais mon entrée dans le chef-lieu de la Franche-Comté.

Je me présentai d'abord chez M. Claparède, le directeur du théâtre, qui me reçut très gracieusement ; il se félicitait de mon acquisition, d'après tout le bien que Mme Volnys lui avait dit de moi.

Puis, il me fallut songer à mon installation. J'estimais ma chambre à douze francs par mois et ma pension à quarante cinq. Il ne me restait pas lourd pour l'entretien et les folles dépenses...

Me voilà donc, nez en l'air, à la chasse des écriteaux. J'avise dans une vieille rue l'invite de « chambre à louer ». La maison avait l'aspect d'un monastère... la Vierge et l'Enfant Jésus occupaient une niche étoilée entre les deux fenêtres du premier étage. Ce « chambre à louer » qui se balançait au-dessus était bien criard... j'hésitais un peu. Bah ! après tout, je n'y viendrai que pour me coucher... et encore !... tant pis, je me risque !

Une grande salle au rez-de-chaussée ; devant le feu et me tournant le dos, une vieille vieille en tenue de béguine... le bonnet tuyauté entouré d'un long voile noir. Sur la cheminée, un grand Christ en croix recouvert d'un crêpe...

— Bigre ! pensai-je, on ne doit pas rire beaucoup dans cet établissement.

J'allais regagner doucement la porte quand la vieille dame se retourna. Jamais je n'avais vu de physionomie aussi vénérablement charmante. ! une pâleur monastique, de beaux traits encadrés de bandeaux argentés, de grands yeux calmes et clairs.

— Que demandez-vous, monsieur ? me dit-elle d'une voix douce et bien timbrée.

— Madame, je venais, d'après l'écriteau... mais je crois que...

— Vous venez pour la chambre à louer ?... je vais vous la montrer. Donnez-vous la peine de me suivre.

Et elle passa devant moi, en inclinant la tête... j'obéis, tout en hésitant. Elle ouvrit au premier étage une jolie chambre sur jardin ; cela était élégant et confortable, dans un ordre parfait, comme pour une jeune fille !

— Oh ! madame, c'est trop beau pour moi... et puis, tout ici est si tranquille... moi qui suis si turbulent... vous êtes trop vénérable pour que je m'expose à vous déplaire... à vous troubler.. je vous demande pardon de la peine, et je...

— Mais, monsieur, pourquoi cette crainte ? tout en vous dénote un homme bien élevé, je suis sûre que nous nous entendrons... est-ce le prix de la chambre que vous craignez ?

— Dame... oui...

— Eh ! bien, je vais vous mettre à votre aise. J'accepte d'avance la somme que vous consacrez d'ordinaire à votre loyer.

— Mais, madame, je suis un très pauvre artiste, un comédien, ajoutai-je en appuyant sur le mot, et tout ici a l'air si austère, si respectable...

— Allons, allons, ne vous effrayez pas de tout cela ; vous êtes jeune et je suis vieille, voilà déjà une garantie de calme. Vous êtes comédien, moi, je suis une dévote, nous irons chacun de notre côté : vous, au théâtre ; moi, à l'église. Et pendant que vous exercerez votre profession, j'irai prier Dieu pour vous, ça ne vous gênera pas...

— Ma foi, madame, vous êtes si indulgente... si bonne... que j'ai bien envie d'accepter...

— C'est entendu, ajouta-t-elle, en me tendant une main fine et blanche.

— Eh ! bien, madame, je gagne quatre-vingts francs par mois et ma chambre ne doit me coûter que douze francs.

— Accepté ! dit-elle, et je prends à mon compte la *chambre faite*, Constance, ma brave femme de ménage aura soin de vous.

Allez chercher vos bagages et installez-vous.

— Eh ! bien, Madame, à tout à l'heure !

Et je partis en me disant : Eh! bien, si c'est là une de ces dévotes dont on se moque tant... il ne fera pas bon les plaisanter devant moi.

Renseigné par le concierge du théâtre, j'avais trouvé une pension pour mes repas et à six heures, je prenais place à une table au milieu d'une vingtaine de jeunes gens qui se tutoyaient ; ils appartenaient à une école universitaire. Un silence significatif se fit à mon entrée... je remarquai très bien les regards interrogateurs chaque fois que je baissais la tête... on m'observait.. on se parlait bas... la situation était agaçante.

Je frappai sur mon verre, et me tenant debout, je dis :

— Messieurs, la présence d'un étranger pouvant vous gêner dans vos conversations au hasard de la pensée, il est bon que vous ne puissiez voir en moi ni un mouchard ni un agent provocateur. Je me nomme René Luguet, artiste dramatique, je fais partie de la nouvelle troupe. J'ai quitté la marine pour entrer au théâtre. J'ai de l'estomac et du cœur, je respecte tout le monde et je ne crains personne. Ceci dit, je bois à votre aimable réunion.

La glace étant rompue, le doyen, qui avait à peine vingt ans, me répondit, au nom de ses camarades, que j'étais le bien accueilli et qu'ils se tenaient tous honorés de m'avoir pour convive.

Puis, les joyeux propos reprirent leur cours.

Mon intarissable gaîté eut un grand succès et un punch de bienvenue me fut offert au Café des Ecoles. A cinq heures du matin, je regagnais mon logis, escorté par une dizaine de mes nouveaux amis. En approchant du carrefour où était mon domicile, je vois un rassemblement de pauvres... des femmes, des enfants, des vieillards devant la porte de la maison et tenant tous une écuelle de bonne soupe aux choux.

Je pénètre dans la salle du rez-de-chaussée où se trouvait ma vénérable propriétaire, assise derrière une grande table chargée de papiers et de registres.

— Ah ! ah ! dit-elle, voilà mon jeune locataire. Venez vous asseoir près de moi, vous assisterez à une cérémonie qui a lieu deux fois par semaine. Les cent cinquante pauvres qui sont là reçoivent deux sous et une bonne assiettée de soupe...

Puis, elle dit à la servante : Constance, ouvrez.

Alors, un vieux pauvre, tout boiteux s'avança.

— Votre nom, mon ami ?

— Pierre Giroux, madame.

— Avez-vous femme et enfants ?

— Oui, madame ; j'ai là mon plus jeune, il a huit ans ; l'autre est resté près de sa mère qui est malade.

— Donnez-moi votre adresse. Demain, le docteur ira la voir ; voici une lettre pour le pharmacien qui vous donnera tous les médicaments nécessaires.

. . . .

Et ce fut ainsi pendant deux heures.

Quand le dernier malheureux fut parti :

— Voilà ! dit-elle. Bien des gens ne savent que faire de leur fortune, ils n'ont qu'à m'imiter, c'est très simple, comme vous voyez !... maintenant, je vais à la messe... et vous, mon jeune ami, allez vous reposer, A neuf heures, Constance vous portera le chocolat. Avec quoi ?...

— Mais, madame... que devient votre bénéfice de location, si vous me traitez de la sorte ?

— Mon bénéfice ? vous voir content... et si vous êtes bien ici, vous y garder le plus longtemps possible... Allons, à tantôt !

Et elle partit.

Ces marques de sympathie me causaient un étonnement profond et m'adressant à la vieille bonne, en train de rétablir l'ordre, je lui demandai le nom de cet ange de charité chrétienne, afin de le graver dans ma mémoire.

— Son nom est Mme de Pralys. La mort a frappé toute sa famille autour d'elle. Restée seule, elle s'est mise en religion, mais garde sa liberté dans le dévouement ; elle reçoit, comme vous voyez, tous les pauvres qui viennent frapper à sa porte ; elle entretient deux ou trois établissements de bienfaisance, et, comme elle est la femme la plus secourable de toute la contrée, on lui a donné le nom de sœur Besançon. Elle ne veut pas être appelée autrement.

Je regagnai ma chambre, le cœur ému..., ma bonne étoile m'avait conduit dans la maison du bon Dieu...

Le lendemain, je fis acte de présence au théâtre ; c'était la première réunion pour le règlement des débuts et du répertoire. Ces premières assemblées dans les théâtres de province ont un côté original. Tous ces artistes venus des quatre coins de la France, s'observent et cherchent vers quel nouveau camarade la sympathie va les conduire.

Pour les artistes de vingt ans, le côté des dames a une grande importance... des espérances rivales jettent leur dévolu ; on se compare aux autres, pensant à part soi : j'ai des chances. De leur côté, les dames, moins démonstratives, font aussi leurs petits projets... on pose un peu : chacun prenant la parole, à son tour, pour les observations relatives aux débuts, affecte de s'exprimer dans un langage correct. L'artiste jouant les queues-rouges discute au sujet de ses rôles avec le sérieux d'un diplomate au Congrès des nations. Le jeune premier serré à la taille et parfaitement ganté, ayant sorti pour cette occasion sa toilette la plus élégante, s'exprime sans simplicité. Demain, on pourra le voir à la brasserie coiffé d'un chapeau mou, la pipe aux dents, braillant et dégingandé : il est lui, cette fois.

Quant au directeur, il sait qu'il est à la tête du premier théâtre de France et le plus intelligent impresario des quatre-vingt-neuf départements.

A six heures, j'étais de nouveau attablé à ma pension. Le dîner fut joyeux comme il convient quand il réunit vingt gaillards dont le plus âgé n'a pas vingt et un ans.

Il y avait ce soir-là, ouverture d'un bal champêtre aux portes de la ville ; j'y suivis la bande joyeuse. Ce flot de jeunesse arrivant au milieu d'une fourmilière de grisettes, y jeta une turbulence extrême...

Il y avait là des officiers de la garnison; mais l'entrain, la gaîté des pékins l'emportaient aux yeux des fillettes; de là, des petits froissements, des mots aigres... des allusions provocantes... et, naturellement, à cinq heures du matin, nous avions trois duels sur la planche.

J'avais donné dans la bagarre..., mon adversaire était violent, je n'étais pas resté les mains dans les poches...

A six heures du matin, je recevais un coup de pointe de sabre assez violent pour me faire évanouir, et dont j'ai encore la cicatrice... on me ramena chez moi. Ma propriétaire faillit tomber à la renverse quand elle me vit avec des bandelettes sanglantes autour de la tête.

Elle envoya chercher le chirurgien, et ne voulut pas quitter mon chevet avant d'être rassurée sur ma blessure.

Je fus maintenu prisonnier pendant six jours. Que de soins me furent prodigués au cours de cette semaine !

Je lui en témoignai ma reconnaissance en termes si émus qu'elle en parut touchée. Et comme je parlais de quitter cet asile dont je me jugeais si indigne, elle m'arrêta d'un geste:

— Et où irez-vous, mon pauvre enfant ? dans un milieu moins calme où votre jeunesse turbulente vous exposera sans cesse à de nouveaux dangers de mort!... Non... il faut rester ici... Vous y aurez moins de distractions mondaines, mais plus de sécurité.

— Eh ! bien, soit !... mais pour consacrer ma conversion, je veux fuir toutes les occasions de désordres et pour commencer, je vais chercher une autre pension. Ces jeunes étudiants sont charmants sans doute, mais dangereux pour la conduite que je veux adopter ; c'est la seule preuve de repentir que je puisse vous donner, et j'y tiens.

— Vous êtes un honnête homme, et si le tête-à-tête d'une aïeule ne vous effrayait pas, je vous dirais : Cette pension que vous allez chercher n'est-elle pas ici ? J'accepterais les quarante-cinq francs que vous lui consacrez... il est bien entendu que vous prendriez vos repas, seul, et selon vos habitudes ; j'ai d'ailleurs une façon de vivre à laquelle je ne veux rien changer, et cette combinaison ne sera gênante pour personne.

— Chère madame, votre offre gracieuse ne me surprend pas... mais je ne puis l'accepter, je ne veux pas abuser d'une hospitalité déjà trop généreuse.

— Soit... eh ! bien, je vais vous proposer une affaire. Je soutiens plusieurs établissements de bienfaisance, cela m'impose une correspondance journalière fatigante pour mon âge... voulez-vous être mon secrétaire ? Je vous remettrai mes livres et la correspondance ; tous les deux jours, nous aurons conférence de huit à neuf heurses du matin, vous écrirez mes lettres, je vous offre pour cela le logement et la table. Ce que je vous demande là n'est pas du tout une sinécure; vous aurez fort à faire. C'est moi qui serai votre obligée. Est-ce dit ?

— Eh ! bien, madame, c'est accepté; mais j'ai bien peur de ne pas être à la hauteur de mon mandat....

— Bah ! les artistes sont intelligents et je suis tranquille, je vais prendre mes dispositions. A bientôt, mon secrétaire.

Ma vie, à dater de ce jour, devint assez bizarre... le matin, secrétaire intime de sœur Besançon, en relations épistolaires avec les marguilliers, les chanoines et jusqu'à monseigneur l'Evêque... apostillant les demandes de secours ou la participation à la réédification de quelque presbytère en ruine... et, le soir, un joyeux cabotin.

Mes débuts furent heureux au delà de mes espérances. Tous les étudiants étaient là et les officiers de la garnison, mon adversaire en tête, avaient à cœur de me témoigner leur sympathie ; ma blessure avait été exagérée dans les racontars de la ville; on me disait estropié et l'annonce de mon début avait excité la curiosité. Mon entrée en scène dans

Edouard de *La Marraine*, avait fait braquer sur moi toutes les lorgnettes. J'avais vingt ans, j'étais bien pris, bien campé, la frimousse éveillée... et par-dessus tout, l'aplomb d'un enfant de la balle.

Je fus accepté.

Il n'en alla pas de même pour plus d'un pauvre camarade... Un des plus malheureux dans la tourmente fut un nommé Clément.

La salle houleuse le malmenait, ce qui le navrait. Nous étions tous deux en scène au moment psychologique où il allait chanter le couplet au public, ce qui constituait le signal d'un jugement sans appel, il s'avança à la rampe et dit très ému :

— « Messieurs, il est bien difficile à un artiste qui débute dans l'emploi des comiques, d'apporter la somme de gaîté voulue, quand il tremble devant une question d'existence... je sollicite de votre équité la faveur d'un quatrième début : jusque-là que le parterre soit clément... »

Et j'ajoutai vivement, en le montrant :

— Ou bien... Clément sera par terre.

Cette boutade de gamin fut accueillie par un grand éclat de rire et mon camarade fut admis. Je fus pendant huit jours le lion de la troupe.

Je n'en menais pas moins de front ma double situation de secrétaire et d'artiste.

Mes appointements dégagés me donnaient le moyen d'avoir une tenue irréprochable : le présent et l'avenir étaient ensoleillés ! et tous les jours de bonheur que la destinée a pu me donner pendant ma longue vie n'arrivent pas à la hauteur de cette inoubliable page de ma carrière artistique. Ah ! qu'elle fut courte, cette année de paradis ! Quelles adorables fêtes le jour du 72e anniversaire de sa naissance, au 1er janvier, à Pâques !... les belles promenades dans la vallée du Doubs ! Cette bonne grand'mère avait le rire si jeune, la voix si bien timbrée qu'on demeurait stupéfait en la voyant paraître ! Que de fois j'ai pensé à cette fée bienfaisante, lorsque j'entendais Déjazet nous chanter de sa voix argentine une romance du bon vieux temps... je fermais les yeux... et l'image de sœur Besançon me revenait à la pensée, entourée d'une poétique et resplendissante auréole !

Quand je voulais lui faire un grand plaisir, j'allais l'attendre après la messe à la sortie de l'église... Un jour, elle fut si charmée de me trouver là... qu'elle me dit, en me prenant le bras :

— Mais que pourrais-je donc faire pour tant d'attentions ? Dites-le-moi.

— Eh! bien, voilà! le printemps renaît, l'aubépine est en fleurs... il y a dans l'air des bouffées de mois de Marie qui vous attirent vers la campagne... je suis décidé à déjeuner en pleine floraison, au chant des oiseaux et au bourdonnement des abeilles. Je vous invite.

— Vous croyez que je vais refuser, dit-elle... eh! bien, j'accepte... où allons-nous ?

— Au bout du monde. (C'était un village aux portes de la ville.)

Nous voilà partis, bras dessus, bras dessous. Elle, le visage tout joyeux, et moi, fier comme Artaban !... regardant d'un air vainqueur tous ceux qui, me connaissant, restaient ébahis de me voir en compagnie de cette vénérable et souriante religieuse... laïque. Une demi-heure après, nous étions installés sous la tonnelle d'une petite guinguette, au bord du Doubs... ; ma respectable compagne riait aux éclats de ce qu'elle appelait sa « grosse débauche ».

L'esprit charmant ! avec quelle adresse elle parlait de tout, évitant les écueils, comme la chèvre qui tressaute sur les pics du rocher sans jamais tomber dans le vide !

Ma joie était extrême et je disais mille folies...

Après deux heures ensoleillées, nous reprenions le chemin de la ville, c'était l'heure des vêpres pour la sainte femme, et moi, je me rendais au théâtre...

Telle fut ma vie pendant huit mois... mais tout finit en ce monde... et les plus douces choses ont le pire destin ! La saison théâtrale tirait à sa fin... il fallait songer à l'année suivante, le voyage de Paris s'imposait pour la recherche d'un nouvel engagement.

La vénérable sœur Besançon s'affligeait de cette nécessité professionnelle.

— Mais pourquoi ne pas attendre ici les offres d'engagement ? me disait-elle dans son ignorance des usages du théâtre.

Hélas ! il n'y a que les artistes hors ligne dont se préoccupent les directeurs, quant au commun des martyrs, il faut qu'il aille, comme le commis-voyageur, *faire la place* pour sa maison. Il lui faut accomplir sa tournée chez les correspondants, se montrer aux directeurs qui viennent là faire la *traite des blancs...*

Ils choisissent dans la foule des solliciteurs ceux dont le physique est en rapport avec l'emploi qui leur manque... et les autres continuent leur triste voyage à la recherche d'une position.

Mon départ fut navrant..., c'est en pleurant à chaudes larmes que sœur Besançon me fit ses adieux :

— Pensez à moi dans toutes les circonstances graves de votre avenir, me dit-elle, le souvenir de nos relations vous guidera. Donnez-moi souvent de vos nouvelles et parlez-moi de vos succès que je prévois ; restez toujours ce que vous avez été ici : un homme brave et loyal.

Ce fut aussi en pleurant que la vieille Constance porta mes paquets à la diligence.

— Monsieur René, me disait-elle, en chemin, si Dieu rappelle à lui la sainte femme que vous quittez et si jamais vous vous mariez, de mon vivant... n'importe où vous serez, prenez-moi pour servante... et je vous jure que vous n'aurez pas à le regretter...

Je fis à cette brave femme la promesse qu'elle me demandait, sans croire qu'elle fût jamais réalisable.

Pendant quatre ans notre correspondance fut régulière, sœur Besançon put me suivre dans les aventures de ma vie d'artiste. Hélas! un jour vint où ma lettre resta sans réponse... Un serrement de cœur me fit pressentir la fin de cette pieuse femme. Ce fut Constance qui m'apprit que l'âme de ma bienfaitrice s'était envolée... elle ajoutait : « Me voilà seule et bien triste, la sainte sœur m'a légué mes gages ma vie durant..., je n'entrerai en condition que chez vous, si vous vous mariez... »

L'année suivante, j'épousais la fille de l'inoubliable artiste Marie Dorval, et Constance était installée chez moi, cette vaillante créature de Caleb des temps passés... nous a donné de telles preuves de dévouement que je me serais reproché de ne pas lui attribuer dans la famille la place qui lui était due, elle dînait à table au milieu de nos quatre enfants qui l'adoraient... et c'est ainsi qu'elle a fini sa vie, à quatre-vingt-quatre ans.

Huit jours encore avant sa mort, elle tenait seule tout le ménage, et cela à l'exclusion de toute autre bonne que, malgré mes avis, elle ne voulut jamais s'adjoindre.

A ses derniers moments, elle appela ma femme.

— Ma chère Caroline, je sens que c'est fini... mon heure approche... je ne me plains pas, j'ai eu mon compte... Ecoute-moi, tu trouveras dans ma commode toutes mes petites économies depuis que je suis entrée dans la famille, 5.000 francs, en obligations de la Ville de Paris. Je n'ai plus de parents ni d'autres amis que toi, ton mari et tes enfants, prends cette somme, promets-moi de m'acheter une concession de cinq ans et garde le reste pour tes deux filles, les garçons se tireront toujours d'affaire. Embrasse-moi et fais venir un prêtre, je ne le tiendrai pas longtemps, j'ai si peu de choses à lui dire... mais c'est plus convenable...

Trois jours après, nous suivions la dépouille de la plus honnête, de la plus dévouée des servantes dont mes enfants ont gardé le respectueux et touchant souvenir.

Nous reprendrons la suite de ces notes, à dater de mon départ de Besançon, mon arrivée à Paris et mes démarches aux agences dramatiques, cette traite des blancs, cette cause absolument réelle de la décadence des théâtres en province et de la rareté des bons comédiens.

CHAPITRE XII

Un général à la page. — Bruxelles. — Palais-Royal. — Nouveautés. — Retour définitif au Palais-Royal. — Régisseur unique. — Une pièce qui finit avant de commencer.

Hélas ! plusieurs fois hélas ! ces notes ne furent pas reprises. L'auteur ne tint pas sa promesse ! Pourquoi ? Paresse ? Maladie ? Mort ? Etrange coïncidence, en tout cas ! le frère et la sœur (Marie Laurent) ne pouvant terminer la rédaction de leurs souvenirs !

Regrettons sincèrement le fin de ces mémoires, étant donné l'intérêt qu'en offre le commencement, consolons-nous à l'idée que cette première partie de l'existence de René Luguet est la plus originale et racontons, d'une plume malheureusement moins alerte, quelques anecdotes sur ce joyeux fantaisiste qui, en dépit de ses deuils, a traversé — longuement — la vie, le chapeau sur l'oreille et la chanson aux lèvres !

Tout d'abord, ce que Luguet a oublié de dire, qui méritait cependant d'être consigné, c'est que si Molière mourut presque en scène, lui Luguet naquit dans les coulisses, pendant un entr'acte, sa mère ayant été prise des douleurs de l'enfantement, sur le plateau (1er février 1813).

René Luguet assista donc, comme mousse, au siège d'Alger, en 1830. Il fit partie du poste spécial chargé de garder le trésor du Dey et ce poste était commandé par le capitaine Magnan. Lorsque le trésor eut été embarqué, l'on abandonna le local dans lequel tant de richesses avaient été momentanément amoncelées, et Luguet, sans être vu, emporta, en guise de souvenir, la clef du logis !

Plus tard, chez Marie Dorval, le brave artiste déjà acteur réputé, se trouva le voisin de table de son ancien capitaine, devenu général. On juge de la stupéfaction du rude soldat, en entendant le moussaillon de 1830 lui rappeler certains faits depuis vingt ans oubliés. Luguet fit d'ailleurs présent au général de la fameuse clef que jusqu'alors il avait jalousement conservée.

Survint le coup d'Etat.

Le 2 décembre, Luguet se rendait au Palais-Royal en songeant aux événements du jour. Il descendait les marches de l'escalier qui mène de la rue de Richelieu à la rue Montpensier lorsqu'un détachement de cavalerie s'avança venant de la rue Vivienne. Tout à coup, arrêt momentané de la troupe brillante et Luguet se trouve face à face avec le général Magnan qui allait aux Tuileries.

— Tiens ! bonjour Luguet.

— Bonjour, mon général !

Le comédien s'approche tout contre l'encolure du cheval, le général se penche vers lui et à la question posée à voix basse :

— Vous êtes content ?

sourit, frise sa moustache et répond :

— Oui, *la pièce a réussi.*

En biographe consciencieux, ajoutons ces détails typiques que je dois à feu Félix Jahyer :

D'Apt, René Luguet gagne Lyon à pied, avec un passe-port d'indigent, lui accordant trois sous par lieue.

A Lyon, il trouva un moyen ingénieux de subvenir à sa nourriture sans trop attaquer le capital. Il allait manger à la caserne, où il payait le prix de la cantine, soit douze sous par jour. D'un esprit très vif, d'une gaîté communicative, il faisait les délices des tourlourous en leur chantant des chansonnettes amusantes, si bien que, entendu par un sergent, il fut réclamé à la table des sous-officiers, d'où il passa à celle des officiers, payant toujours le même écot, mais y trouvant nourriture plus substantielle.

Après Besançon, Luguet fit deux saisons à Bruxelles (1839-41), à l'issue desquelles il fut engagé au Gymnase (1842), sur la recommandation de son illustre belle-mère, pour jouer les amoureux avant d'adopter l'emploi des amoureux comiques. Il débute dans la *Belle Amélie.* Du Gymnase, il passe au Palais-Royal où, à part une interruption de quatre années au Vaudeville, il devait faire toute sa carrière.

Luguet débuta au théâtre de la Montansier, rue Montpensier (confusion facile) le 13 mars 1845 dans *Le vieux de la vieille*, vaudeville en un acte de Duchâtelard.

Au Vaudeville, deux créations, entre autres le mirent tout à fait en lumière : Tamerlan de *La Corde sensible* (1851) et Gaston de *La Dame aux Camélias* (1852). A propos de cette dernière pièce, René Luguet fut un des rares à croire au grand succès de l'œuvre — laquelle fait tout doucettement sa petite bonne femme de route vers l'immortalité — aussi Dumas fils lui en garda-t-il une reconnaissance qui s'affirma en toutes circonstances, jusqu'à la fin de sa vie.

Rentré au Palais-Royal en 1853, Luguet fut de presque toutes les distributions pendant plus de 40 ans. L'énumération de ses créations (220) serait fastidieuse, autant citer tout le répertoire de ce théâtre.

Il était devenu, succédant à son camarade Pellerin, régisseur du Palais-Royal et, on peut bien l'attester, jamais régisseur ne fut plus régisseur ! Il était né pour cet emploi... difficile entre tous !

Car, pour ne pas sortir de notre petit monde du théâtre à part le rôle du souffleur, le martyr de tous dans la maison, l'homme perpétuellement rabroué (l'un le maudit parce qu'il ne lui souffle pas assez, l'autre parce qu'il lui souffle trop !...) nulle situation n'exige plus de tact, de doigté que celle du régisseur. Le malheureux est le plus souvent un acteur qui, par suite d'un accident lui interdisant de paraître en public ou simplement devant la ténacité prise par les directeurs à ne pas l'engager, s'est vu contraint, voulant passer sa vie au théâtre, d'accepter de rester dans les coulisses au lieu de se manifester en scène.

Placé entre le marteau-comédiens et le directeur-enclume, il ne peut point ne pas écoper. Ceux-là, s'il est souriant, serviable, le traitent de faux bonhomme, de mouchard qui rapporte au patron tout ce qu'il entend au foyer ou dans les loges pour s'en faire bien venir et conserver sa place ; et celui-ci l'empoigne sans cesse, lui reprochant d'être trop camarade avec les artistes, de plaisanter avec eux, de ne pas savoir se faire respecter, perdant ainsi toute autorité au détriment de la discipline, et surtout de garder pour lui tous les manquements au service que commettent continuellement acteurs et actrices, au lieu d'en référer à la direction. Sans compter que parmi le personnel nul ne l'encaisse parce qu'il ne peut que punir et n'a pas le pouvoir de récompenser. Infortuné régisseur ! C'est toujours sa faute si un comédien manque son entrée, si un bruit à la cantonade est raté, si l'on parle fort dans la coulisse, si le rideau tombe trop tard ou trop tôt, si les artistes ajoutent des plaisanteries à leur rôle, si les choristes rient en scène, si une figurante a les mains sales... c'est sa faute ! c'est sa très grande faute !

Il doit tout voir, tout entendre, se trouver aux cintres en même temps que dans les dessous, veiller aux jeux de lumière..., bref, comme Dieu, il doit être partout à la fois...

Comment diable ! se sentant antipathique à tous, le pauvre diable conserverait-il un enjouement continu ? pardonnons-lui donc ses mauvaises humeurs, il a tant d'excuses !

Les soirs de générale, c'est à lui qu'incombe l'honneur de frapper les trois coups et c'est avec une réelle émotion, le cœur battant, qu'il s'empare du « brigadier » pour s'acquitter de cette grave fonction. Il lui semble, à ce moment-là, que le sort de la pièce dépend un peu de lui, qu'il y joue un rôle prépondérant, qu'il en est, quoi !

Bref, comme disait Odry, des Variétés, c'est la chenille ouvrière de la maison.

Par son âge, son esprit, son esprit d'à-propos surtout, toujours empreint de gaillardise, René Luguet possédait sur tous, auteurs, acteurs, actrices une autorité impressionnante !

Une seule puissance échappait à sa domination : le pompier de service, lequel dans les théâtres d'alors faisait la loi et ne la subissait pas.

Ce n'est pas à cette époque qu'on aurait vu un acteur demander au pompier une allumette pour sa cigarette !

Aussi, en présence d'une mission délicate à remplir, c'était naturellement lui qu'en chargeaient ses directeurs qui le tenaient en haute estime et ne s'en seraient séparés à aucun prix !

S'agissait-il de retirer un rôle à un des principaux artistes du théâtre, ambassade périlleuse, Luguet assumait la responsabilité de la corvée. Et ce finaud, habitué à ces sortes de commissions, s'en tirait toujours à merveille, expliquant au comédien que dans son propre intérêt surtout, il valait infiniment mieux qu'il renonçât à ce rôle « si peu dans sa nature » et qui ne pouvait que lui nuire dans l'esprit des critiques.

Fallait-il apprendre à un auteur le refus de sa pièce ? Luguet était tout désigné. Et de quelle façon s'y prenait-il ! Psychologue averti, connaissant admirablement l'orgueil démesuré de tout écrivain — *genus irritabile* — il dorait tellement la pilule au dramaturge que celui-ci s'en allait presque satisfait, se disant :

— Oui... évidemment... ma pièce n'est pas pour ce cadre.

Cependant, un jour, son esprit caustique faillit tourner mal.

C'était lui que ses directeurs, connaissant sa compétence en théâtre, surtout en théâtre Palais-Royal, chargeaient de lire les pièces, d'en faire un résumé et d'en donner son avis conclusif.

Ces rapports, écrits d'un style follement fantaisiste, faisaient la joie des directeurs et de ceux auxquels ils les montraient.

Or, un jour, devant donner son sentiment personnel sur une pièce nouvelle de Gandillot, Luguet, après en avoir raconté le sujet, se borna à écrire simplement :

« Ce vaudeville ne... m'émoustille pas ! (1) ».

Le manuscrit fut donc rendu à l'auteur, avec, selon l'us, l'expression des vifs regrets de la direction. Malheureusement, après avoir lu la courte mais significative appréciation de Luguet, les directeurs omirent de la retirer d'entre les pages où elle reposait et où l'auteur la trouva et la lut — sans satisfaction.

Avec si peu de satisfaction même que Gandillot qui n'était pas très patient non plus, sauta sur sa bonne plume et envoya, du tac au tac, cette réponse à la direction du théâtre : « Je n'ai jamais eu la folle prétention... d'émoustiller ce vieillard. »

. . . .

Il fallut la diplomatie de Mussay et Boyer pour arranger l'affaire.

Chez René Luguet, l'imagination allait de pair avec la fantaisie. Un soir, le vieux régisseur eut à déployer son génie inventif — et le déploya merveilleusement.

On devait donner un spectacle nouveau composé selon l'habitude, à cette époque d'une pièce en trois actes précédée d'un lever de rideau... du même auteur, naturellement (afin qu'il puisse toucher la totalité des droits... il n'y a pas de petits bénéfices). A l'issue de la dernière

(1) J'atténue énormément la phrase.

répétition qui avait eu lieu dans la journée, l'État-major directorial était consterné ! Les artistes jouant la petite pièce non seulement étaient exécrables, mais les malheureux ne savaient pas un mot de leur rôle. Si on laissait représenter ce vaudeville dans des conditions pareilles, ce serait l'inévitable, l'irrémédiable catastrophe. Le souffleur aurait beau venir saluer le public, celui-ci n'en enverrait pas moins les fauteuils sur la scène... ce qui n'est pas leur place. Commencer une soirée de la sorte, en mécontentant les spectateurs, serait vouer fatalement la grande pièce à un insuccès certain. Que faire ? Jouer un autre acte à la place du lever de rideau annoncé était impossible pour des questions matérielles.

— Laissez-moi faire, dit tout à coup Luguet à ses directeurs, j'ai une idée !

— Je vous crois que nous vous laissons faire ! répondirent ravis, ces messieurs, sans en demander davantage, très sûrs que Luguet s'en sortirait avec tous les honneurs dus à sa fertile imagination.

Et voici ce que notre Machiavel de la rue Montpensier inventa. Arrivé de bonne heure au théâtre... celui-là n'était pas long à table !... il fit dire par son second régisseur aux comédiens du lever de rideau de s'habiller le plus vite possible et de descendre sur le plateau dès qu'ils seraient prêts.

Une fois nos brillants interprètes réunis au foyer

Luguet leur dit sur le ton de commandement qui lui était habituel :

— Ecoutez-moi bien. Je ne vous apprends rien en vous disant que vous êtes tous à f... jeter par les fenêtres... Or, si vous ne tenez pas particulièrement à ce que les spectateurs se chargent de ce soin, vous allez faire exactement ce que je vais vous dire. La levée de la toile est fixée à huit heures et demie; mais les soirs de première, le public, peu pressé, s'amène lentement vers neuf heures moins dix. A cette heure-là, seulement, je donnerai l'ordre aux contrôleurs de faire ouvrir les portes... le temps que les gens prendront à monter les escaliers, à se débarrasser de leurs vêtements aux vestiaires et la lenteur voulue que mettront à les placer les ouvreuses instruites par mes soins..., vous serez censés jouer la pièce et lorsque les premiers spectateurs pénétreront dans la salle, ils entendront des répliques finales dans le genre de celle-ci, dite par vous, par exemple, qui jouez le père :

— Eh! bien, jeune homme, c'est entendu! je vous accorde la main de ma fille.

Après quoi, le rideau baissera sinon au milieu de transports enthousiastes, du moins dans un étonnement muet qui sauvera la situation...

Ça ne vous empêchera pas de rentrer chez vous apprendre sérieusement vos rôles que vous viendrez répéter demain à une heure. Attention ! en scène !... on va commencer... pour finir.

Et la pièce... non ! le public fut joué.

Voici une nouvelle preuve de son esprit d'à-propos. L'anecdote a été souvent attribuée à plusieurs artistes ; mais c'est notre Luguet qui en pouvait revendiquer la paternité.

C'était à l'époque où René Luguet jouait avec un égal succès, à Bruxelles, les rôles de Lafont et ceux d'Odry.

Un soir, dans un drame moyen âge, Luguet apporta au roi une dépêche que le garçon d'accessoires avait laissée en blanc.

Le contenu de cette dépêche, le roi ne l'avait pas appris. L'acteur chargé de ce rôle (un nommé Baptiste qui fut depuis à l'Odéon) ne se déconcerte pas et présentant le papier ouvert à Luguet :

— Lis, lui dit-il.

Luguet hésite un instant, puis, avec le plus beau sérieux : « Excusez-moi, Sire, né de parents honnêtes mais pauvres, je n'ai pas appris à lire. »

Le roi perdit la tête, et le public siffla d'importance Sa Majesté.

CHAPITRE XIII

La sardine et la langouste. — Le nez d'Hyacinthe. — A Londres avec Gil Pérez.

Parmi les nombreux sujets de réclamations des artistes il y en a deux qui sont constants, inévitables et font perdre les cheveux du régisseur... quand il n'est déjà chauve, c'est le choix de la loge où le comédien doit s'habiller — qui est rarement à sa convenance — et sa place sur l'affiche... qui ne l'est jamais. Pour la loge, ça s'arrange relativement assez vite, mais pour l'affiche, ça devient immédiatement du drame.

En philosophe souriant, Luguet avait un truc admirable pour arranger les choses. Ce truc, je le recommande aux régisseurs qui liront ces lignes, ils l'adopteront... et me remercieront de le leur avoir appris.

Quand Luguet avait affaire à un artiste sérieux, il se donnait évidemment la peine de discuter avec lui, ne fût-ce que par politesse, mais lorsqu'il s'agissait de petites acteuses, oh ! alors !

Exemple :

Nous jouions une revue, peu importe l'époque, le

titre et le nom des auteurs ! sachez seulement que c'était au Palais-Royal.

Dans une revue, comme vous ne l'ignorez pas, il y a — condition *sine qua non* — à côté de la comédienne professionnelle qui chante juste, l'autre... qui chante faux, encore plus faux que ses petites camarades. C'est celle qu'on appelle « l'oseille », vu l'acidité de son organe.

Cette personne est nécessaire, sa présence s'impose dans toutes revues, le public l'attend pour lui faire fête ; son absence serait une déception réelle. L'oseille, il va de soi, est toujours bissée. Elle en conçoit d'ailleurs un légitime orgueil.

Les gens qui ne sont pas au courant de notre petite cuisine théâtrale... ne peuvent s'imaginer le sang-froid, la patience héroïques que doit posséder le régisseur du théâtre qui monte une revue pour résister à l'assaut de ce tas d'oseilles !

C'est, à chaque instant, dans le couloir des loges où se dévêtent ces dames, des récriminations, des réclamations, des discussions, des disputes, des cris, des hurlements, des crêpages de chignons — quand il y avait encore des chignons — et le tout inévitablement terminé par l'attaque de nerfs finale.

Mais au Palais-Royal, l'ordre et le calme régnaient... à de rares exceptions près. D'ailleurs, Luguet qui, naturellement, ne prenait pas ces douces créatures au sérieux, avait une telle façon d'écouter leurs doléances et de trancher leurs différends qu'elles ne se risquaient pas à s'aller plaindre à lui.

Donc, un soir, Luguet était en train de corriger l'épreuve de l'affiche du lendemain, lorsqu'il vit, plantée sur le seuil de son armoire-bureau (sa régie avait exactement un mètre carré, sans plus) une figurante.

— Qu'y a-t-il pour votre service, ma chère enfant ?

— Monsieur, je suis dans tous mes états.

— Ah ! Ah ! vous avez des états ! moi, je n'en ai qu'un : régisseur. N'importe ! je vous écoute. Parlez.

— Monsieur, depuis la première représentation, j'étais sur l'affiche avant Léonie.

— Compliments.

— Alors, pourquoi, ce matin, était-elle avant moi ?

— Qu'est-ce que vous jouez dans la Revue ?

— La sardine.

— C'est bien ça !... Et elle ?

— La langouste.

— Oui, évidemment, la sardine doit être avant la langouste. Grave erreur de ma part ! sans faire attention, en corrigeant l'épreuve, j'ai dû... rassurez-vous, cette honte va cesser.

— Bien, m'sieur, merci.

Et Luguet consciencieusement fit la correction.

Le lendemain, Léonie se présente devant Luguet, les yeux hors de la tête, comme on dit à tort.

— Eh ! bien, petite, qu'est-ce qui vous amène ?

— Monsieur, je viens pour une réclamation.

— Le bureau est ouvert. De quoi s'agit-il ?

— Je m'appelle Léonie et je joue la langouste.

— Les deux choses ne sont pas incompatibles.

— Pourquoi que je ne suis pas sur l'affiche, comme hier, avant la sardine ?

— Vous êtes après la sardine ?

— Oui, monsieur.

— C'est inimaginable ce que vous m'apprenez là ? la sardine avant la langouste ! on n'a pas idée de ça !... et vous tenez naturellement...

— Comment ! si j'y tiens !... si mon ami apprend ça !...

— Pas un mot de plus ! l'ordre sera rétabli dans Varsovie.

— C'est possible..., enfin, je peux compter sur vous ?

— Je suis un peu vieux pour ça... mais ça ne fait rien, vous serez satisfaite.

Et la jeune personne disparue, Luguet fit de plus en plus consciencieusement la rectification.

Dois-je ajouter que le lendemain, il recevait la visite de la sardine irritée.

— C'est une plaisanterie.

— Comment ?

— Vous avez remis la langouste avant moi.

— Peut-être. Et alors ?

— Comment alors ? vous m'aviez promis de me mettre avant elle.

— J'en suis bien capable. Vous tenez à ce qu'elle soit après vous ?

— Dame !

— Entendu, ce sera fait.

Et toujours avec la même tranquillité, le vieux régisseur corrigea son épreuve.

Vous surprendrai-je beaucoup en vous disant que le lendemain soir, Luguet vit irruer en son placard-régie la langouste exacerbée venant encore réclamer sa place sur l'affiche avant sa camarade sardinière ?

Et Luguet de faire droit à cette trop juste réclamation.

Vous étonnerai-je énormément en vous disant que le quatrième ou cinquième jour, la sardine et la langouste ayant enfin compris que l'administration se moquait d'elles laissaient tranquille notre vieil ami — qui n'en demandait pas davantage, la plaisanterie l'ayant suffisamment amusé.

Depuis quelques années, on a adopté le système de la vedette américaine qui consiste à mettre le nom de l'artiste-étoile au bas de l'affiche, le dernier de la distribution, mais seul et tenant toute la ligne.

C'est Coquelin aîné qui inaugura ce système — qui vient je crois de Londres — lors de la première de *Cyrano*.

Cette mode ne satisfait pourtant pas tout le monde mais elle rend service aux directeurs lorsqu'ils ont deux artistes d'égale valeur ou de semblable notoriété qui se disputent la première place.

La vedette américaine arrange souvent les conflits. D'ailleurs, si l'un des deux protestataires récalcitre, le directeur lui insinue : « Aux derniers les bons » : ou « Les premiers sont les derniers ».

On a également eu recours à l'innocente conjonction « et ». Cet « et » a parfois tiré d'embarras l'infortuné directeur qui, tiraillé par un troisième acteur se croyant aussi des droits au « fromage blanc », s'est soudain calmé lorsqu'on lui proposa de faire précéder son glorieux nom de la dite conjonction.

Il y aura Un tel, Un tel... et *Machin* !

Hélas ! on n'est jamais tranquille, et le directeur qui s'imaginait pouvoir enfin dormir en paix dut encore se creuser la cervelle pour satisfaire une quatrième exigence.

Oui, les directeurs qui croyaient avoir épuisé toutes les combinaisons pour assouvir les appétits de leurs pensionnaires se trompaient lourdement.

Il y avait ceux dont les noms étaient juchés tout en haut de l'affiche, au-dessus du titre, ceux qui étaient au-dessous, immédiatement après les auteurs (dame ! il faut bien les citer aussi, ceux-là !) la vedette américaine, celui que précédait la conjonction « et »... ça ne suffisait pas ! alors quoi ?

Alors, alors, se frappant le front, un impresario eut une idée céleste ! il inventa le « avec » !

Enfoncé, le titulaire du « et » !... il y a maintenant au-dessous de lui : *avec Chose !* Comprenez vous l'importance que donne à Chose cette simple préposition ! La pièce sera jouée non seulement par X..., Y..., Z... *et* Machin ! mais *avec* Chose !

Où s'arrêtera-t-on ?

René Luguet n'était pas tous les jours de bonne humeur et ce qu'il y avait d'extraordinaire chez cet homme si facilement grossier, c'était de le voir, lorsqu'il rimaillait (son dada !), courtiser la muse poétique.

Ses à-propos à toutes occasions, déjeuners de camarades, dîners d'artistes, soupers de centième étaient toujours fleuris de lis et de roses ! il excella surtout dans la chansonnette. Il écrivit notamment pour Levassor, en 1832, *Titi à la représentation de Robert le Diable*, qui fut un des triomphes du fameux comique.

Suzanne Lagier, la populaire étoile de café-concert, lui dut ses plus fins succès avec *La Servante d'auberge* et surtout *La Petite curieuse*, un pur bijou.

Dans tous les banquets, au *Bain à quat'sous*, dîner mensuel des artistes-hommes du Palais-Royal, aux *Rieuses*, dîner que les comédiennes, nouvelle assemblée des femmes, avaient fondé et d'où le sexe fort était impitoyablement exclu..., sauf au dîner de janvier, Luguet y allait de la sienne et là, entre camarades, il en chantait de vertes et de pas mûres !

Aussi, était-ce grande joie pour les convives quand on voyait arriver ce boute-en-train au repas de la *Société des vingt,* dite de *la Pagode.*

Hyacinthe, une des vedettes du Palais-Royal (aujourd'hui, on dirait un des as) possédait un nez légendaire, proboscidien, concombresque ; cet appendice phénoménal, qui était loin de nuire au succès de son propriétaire, suscitait cette exclamation de Gil Pérez :

— Quand Hyacinthe va quelque part, il se fait toujours précéder de son nez.

Et Luguet, inspiré par cette monumentale excroissance de chair, cet invraisemblable organe renifleur, adressa à son camarade ce sixain poétique :

Ami, vous possédez une chose nasale
D'un dessin fort correct, sonore et musicale,
Cet instrument, sans doute, auprès de la Beauté,
Peut, en de nombreux cas, offrir son bon côté.
Pourtant, si l'on vous dit que c'est beau, l'on vous trompe :
C'est trop long pour un nez, trop court pour une trompe.

Ceci pourrait s'appeler la réponse du berger... bien que feu Hyacinthe n'avait rien d'un gardien de moutons.

Si son organe de l'odorat exagérait en trop, celui de Luguet était d'une grande discrétion. L'adverbe nez-en-moins semblait avoit été inventé en son honneur, ce qui avait donné à Hyacinthe l'occasion de poser à tous les nouveaux venus cette question vengeresse :

— Pourquoi notre régisseur a-t-il l'air d'un musicien italien ambulant ?

Et comme, naturellement, le questionné restait bouche bée, l'homme au piton colossal, de répondre, victorieux :

— Parce que chez lui, le pif est rare !

. . . .

Et aïe donc ! Œil pour œil... nez pour nez.

Il y a un demi-siècle, quelques Anglais, de goût délicat, eurent l'idée de créer sur les bords de la Tamise un théâtre français... un théâtre où des acteurs de chez nous joueraient nos pièces dans notre langue. Il est d'ailleurs à remarquer que depuis cette lointaine époque, chaque année, nous lisons dans les journaux que des mécènes téméraires ont l'intention d'ouvrir un théâtre français, à Londres.

Quelquefois ce hardi projet se réalise mais le plus souvent, embrouillardée, cette tentative dure... ce que durent les roses ! Et c'est même inexplicable, car tous les artistes qui jouèrent à Londres ont toujours eu la joie de constater l'intelligence des spectateurs britanniques, la rapidité de leur compréhension, la délicatesse de leur goût. Réellement, j'ai toujours eu l'impression agréable d'avoir devant moi, là-bas, nos publics de premières... de premières *avant-guerre.* Et aujourd'hui où le nombre d'Anglais parlant français doit être considérable auprès de ce qu'il était, il y a trente ans, on se demande... sans pouvoir se répondre, pour quelles raison ce théâtre n'existe pas à demeure fixe, comme jadis le théâtre Michel, à Saint-Pétersbourg, où nos acteurs jouaient dans la langue de Molière sept mois par an.

Séchons nos larmes et poursuivons :

Donc, il y a une douzaine de lustres, un théâtre français fonctionnait à Londres, sous la direction de Raphaël Félix, frère de l'illustre Rachel. Il y fit venir, voulant pour débuter montrer aux sujets de la reine Victoria notre marque de fabrique nationale, la gaîté spirituelle : le Palais-Royal. A cette époque éloignée, on n'allait pas à Londres comme aujourd'hui, où, grâce à l'avion, on peut faire le voyage aller retour deux fois dans une journée. C'était, en ce temps, affaire d'importance qu'un voyage de ce genre. Songez donc ! le chemin de fer, le bateau, de nouveau le chemin de fer...

La direction du théâtre Montansier envoya comme courriers deux de ses plus joyeux pensionnaires : Gil Pérez et René Luguet, aussi amis à la ville que bons camarades sur la scène, tous deux ayant de l'esprit comme dix... qui en auraient.

Vous pouvez vous imaginer ce que ce couple put s'amuser !

Donc, voici dans Piccadilly nos deux comiques. Il est midi. Ils entrent au restaurant. Gil Pérez prend la carte, voit des mots... anglais, naturellement, fronce les les sourcils et... la passe à Luguet, en lui disant :

— Choisis.

— Après toi...

— Je n'en ferai rien...

Luguet jette un coup d'œil, hoche la tête et repassant la carte à Pérez, lui fait :

— Moi aussi.

— Quoi, toi aussi ?

— Eh ! bien, j'en prendrai... comme toi.

— De quoi ?

— De ce que tu prends. Qu'est-ce que tu prends ?

— De ça, dit froidement Pérez en mettant le doigt sur un mot quelconque.

Luguet, émerveillé, demande :

— Tu sais donc ce que c'est ?

— C'est très bon c'est une côtelette de mouton... tu vas voir... Garçon !...

— Mais il ne comprend pas le français.

— Ah ! c'est vrai ! Que faire ? sacristi de sacrelotte ! Une idée ! nous allons mimer ça.

Et devant le garçon littéralement abruti, voici la scène que jouèrent nos deux comédiens.

L'un se met à marcher à quatre pattes, à travers le restaurant, passant sous les tables dressées, contournant les chaises, renversant les petits bancs, tout en faisant : Bêe... bêe... bêe...

L'autre, Luguet, armé de sa canne, en guise de fusil, court dans tous les sens, à la poursuite de l'animal, le vise et... pan ! le tue.

Puis, prenant un couteau sur une table, va à Pérez, étendu de son long, par terre, au bas du comptoir où la caissière anglaise et lunettée n'en croyait pas ses yeux désorbités, fait mine de lui découper une côte, la met sur le feu, la retourne quand il la croit cuite à point, la sale et la dépose sur une assiette.

Puis, comme inondé de sueur, après ce laborieux exercice, il s'essuyait le front, le garçon qui avait assisté à cette scène cinématographique avant la lettre, leur dit doucement, dans le plus pur français :

— C'est une côtelette de mouton que vous voulez ? fallait donc le dire tout de suite !...

. . . .

Ce garçon les avait servis chez Véfour.

CHAPITRE XIV

L'homme à la jambe de bois. — La caisse verte. — Les comédiens en liesse.

A l'époque (reviendra-t-elle jamais ? !) où les Parisiens remplissaient seuls les salles de spectacle, chaque théâtre avait, sinon ses abonnés, comme l'Opéra ou la Comédie-Française, du moins ses habitués qui venaient occuper leur même place, plusieurs fois par semaine.

La présence de ces amateurs avertis aiguillonnait le zèle des comédiens et les forçait à se tenir, se surveiller et par conséquent les aidait à progresser. Pendant les entr'actes, ils montaient au foyer des artistes bavarder avec eux, les félicitant ou les critiquant gentiment :

— Toujours en verve, cher ami, bravo !

— Je n'aime pas beaucoup votre nouvelle tradition... oui, je sais... elle porte..., néanmoins, croyez-moi... à votre place, je mépriserais cet effet facile, d'une finesse discutable... j'y renoncerais.

Et l'artiste, la pilule avalée, y renonçait, pour peu qu'il fût intelligent et si, surtout, celui qui lui avait donné ce conseil était homme de goût reconnu.

Il arrivait parfois que si le public laissait passer sans les souligner une intonation amusante, une physionomie drôle, un geste comique lui, le vieil habitué (l'habitué était nécessairement vieux) montrait à l'acteur que sa trouvaille ne lui avait pas échappé et manifestait sa satisfaction en tapotant doucettement le parquet du bout de sa canne, sans se soucier de savoir s'il serait ou non suivi par les spectateurs qui l'entouraient.

Quand Luguet entendait le petit bruit sourd en question, il disait à ses camarades :

— Nous avons, ce soir, dans la salle, l'homme à la jambe de bois !

Jadis, le métier de comédien à Paris était une joie. Les troupes d'ensemble ne se désagrégeant jamais (à peine comptait-on un « nouveau », tous les deux ans); les artistes d'un théâtre formaient donc une petite famille..., une famille dont tous les membres sympathisent — ce qui n'arrive pas toujours dans les familles.

En 1881, la troupe du Palais-Royal était composée d'artistes ayant, pour la plupart, fait sur ces mêmes planches presque toute leur carrière. Tel Lhéritier dont nous fêtâmes cette année le cinquantenaire artistique ! oui, pendant un demi-siècle, ce comédien s'est habillé dans la même loge, devant la même glace, assis probablement sur la même chaise ! Jamais, avant lui, fait semblable ne s'était vu et naturellement ne se vit après ! (1). En ces temps-ci quand un comédien est resté cinquante jours dans un théâtre, il doit s'estimer veinard !

Il faut se connaître pour s'aimer ! dit-on généralement. Eh ! bien, nous, si nous ne nous aimions pas tous, ce n'était certes pas faute d'avoir eu le temps de faire connaissance ! Evidemment, il y avait bien deux ou trois, plutôt deux que trois, vieux de la vieille qui se calfeutraient dans leur loge, mais nous, les jeunes, nous les forcions bien par notre gaîté continue et communicative à se mêler à nos farces. Pas de bande-à-partiste !

Le meneur de jeu était l'intarissable Numès aux ressources multiples ! Ainsi, on avait décidé de mettre à l'amende de 0 fr. 10 celui auquel échappait un calembour, un à peu près, celui qui recevait une visite dans sa loge, celui qui arrivait à la répétition avec un complet neuf, celui qui venait de renouveler son engagement, que sais-je ! tout était prétexte à amendes. Notre vieux camarade Pellerin, l'honnête Pellerin, avait été nommé d'acclamation trésorier de la *caisse verte*. On appelait ainsi la boîte à faux-cols dans laquelle s'accumulaient les décimes des taxés. Les dons volontaires, ai-je besoin de le dire ? étaient acceptés avec reconnaissance. Nos gentilles camarades, auxquelles il était inter-

(1) Depuis que ces lignes sont écrites, Eugène Sylvain a fêté son cinquantenaire à la Comédie-Française... bien qu'ayant entre temps joué à l'Odéon, à l'Empire, sans compter les tournées ! Lhéritier, lui, ne quitta pas un jour le Palais-Royal.

dit par la direction de monter dans la loge des hommes, venaient tout de même nous rendre visite pour se faire mettre à l'amende et engraisser ainsi la cagnotte — un mot qui se trouvait chez lui au Palais-Royal.

A la fin de la saison, on comptait la somme qui allait servir à la partie de campagne, fixée au lendemain de la fermeture du théâtre afin d'avoir la journée complète.

Ah ! cette journée, on y pensait toute l'année ! Le modeste coût de la vie d'autrefois nous permettait d'inviter nos camarades-femmes et je vous jure que la gaîté la plus folle, la joie la plus déchaînée ne cessaient de régner de l'aube au crépuscule !

Le côté amusant de cette partie de campagne, c'est qu'à part Luguet nul n'était au courant du programme de la journée..., c'était lui le grand et seul maître de la cérémonie. Depuis une quinzaine de jours, il avait organisé dans le plus profond mystère une série d'amusements on ne peut plus variés !

On savait seulement que le rendez-vous était fixé, par exemple, à neuf heures du matin sur la berge du pont de la Concorde et puis, voilà tout. On s'embarquait à bord d'un bateau parisien, mais où nous mènerait-il ? La Seine à faire ! en amont ? en aval ? Secret ! ordre était donné au capitaine de ne révéler à personne le but de la croisière ! Chut ! Silence !

Et, bien que nous ne fussions qu'une trentaine environ — il est vrai que nous faisions un chahut du diable ! la Bourse, à trois heures, quoi ! il y avait un petit rassemblement de badauds pour regarder de près les artistes du Palais-Royal en liesse !

Dame ! les jolies filles ne manquaient pas parmi nous... et qui détournerait ses yeux de cette vue agréable ? Sans compter que les physionomies populaires de Hyacinthe, Montbars, Daubray... pour ne citer que ces trois-là excitaient la curiosité des amateurs de spectacles gratis — race qui existe depuis les temps les plus reculés !

On va partir ! on part ! ! on est parti ! ! ! tchi-tchi-tchi... pfeu... pfeu... pfeu... Bravo ! le soleil est avec nous... Stop ! Suresnes ! vermouth... bitter... porto ! Assez ! on repart ! Coup de sifflet du ralliement. Pour une fois, nous admettons le sifflet. On embarque ! on embarque ! Ohé ! du canot ! Regardez donc Machin qui s'est fait un col marin avec du papier... eh ! bien, et Chose !... qui a le mal de mer... allez ! débarquez !

Joli restaurant ensoleillé ! Oh ! la table est mise et quelle tablée ! Coup d'œil vraiment appétissant... des fleurs pour ces dames !... Ah ! ce Luguet ! il pense à tout !

Le repas s'est prolongé. Luguet tape sur son verre... silence ! Il a versifié un à-propos en vers avec tous nos noms et nos tics blagués ! Machin y va de sa chanson, Chose de la sienne. Pendant que ceux-ci font une partie de tonneau... v'lan ! dans la grenouille... celles-là escarpolettent ! Boum ! pchi... i... i... tzing ! Paf !

Qu'est-ce que c'est que ça ? Renseignements pris, ces farceurs de Numès et Galipaux font encore des leurs ! Edouard Philippe, critique dramatique par profession et artificier par goût, pour nous remercier de l'avoir invité (cette année-là, la caisse verte pouvait se permettre de faire des invitations), Philippe avait apporté avec lui fusées, pétards, soleils, crapauds, chandelles romaines pour ce soir, mais afin de nous rendre compte au préalable si ce feu d'artifice était de qualité, nous étions en train de l'essayer, alors que Phœbus nous inondait de sa chaude clarté. L'effet était évidemment moins bien en plein jour mais peut-être plus original. Seul, Edouard Philippe ne trouva pas ça très drôle.

A ce même déjeuner, nous avions convié Gall, surnommé le Père la Réclame. C'est lui qui créa l'emploi de bonimenteur à la porte des établissements en quête de publicité.

Debout, toute la journée, devant le journal situé au coin de la rue Montmartre et du boulevard, il criait d'une voix enrouée : « Lisez le *Nouveau Journal*, il est plein de nouvelles sensationnelles ! « Cet étrange bonhomme doué d'un appétit formidable (il ne devait pas manger tous les jours à sa faim), avait englouti voracement sardines, anchois, tomates, radis, thon, concombres, saucisson, jambon, omelette, lapin... et quand arriva le rôti s'exclama... la bouche pleine :

— Tout le temps des hors-d'œuvre, alors !

Ce cri de l'estomac obtint le plus grand succès.

Allez ! allez ! en voiture ! crie Luguet.

Le temps, pour ces dames, de se refaire une beauté... poudre de riz, rouge aux lèvres et on grimpe dans une tapissière dont les chevaux piaffent d'impatience. En route !

On se dirige vers la forêt de Vincennes... ou plus loin !

Naturellement, il y en a au moins un qui a apporté avec lui son appareil photographique pour nous « prendre » Et il a des commandes ! Chacun désirant conserver le souvenir de cette balade !

. . . .

Heureux temps ! Je te pleure !

CHAPITRE XV

Dans un placard qu'on est mal à vingt ans ! — Le sucrier historique. — Un certificat original.

Un jour, Luguet m'invita à déjeuner chez lui, avenue Trudaine. Il fallait vraiment qu'il eût pour moi une réelle sympathie, car il ne lui arrivait pas souvent de convier un ami à partager son repas ; en tous cas je fus le seul artiste du Palais-Royal auquel il fit cet honneur.

Je m'empressai, cela va de soi, d'accepter et, connaissant son exactitude chronométrique, je me gardai bien de ne pas arriver à l'heure convenue.

Il y a si longtemps de cela que je n'ai nulle souvenance du menu ! le festin était-il bien ordonné ? je le suppose. Rien ne manquait-il à la fête ? Je le crois. Mais si je ne me rappelle plus, à si longue distance, quels plats savoureux, quels généreux vins défilèrent sur la table, ce que je n'oublierai pas c'est... le sucrier, oui, le sucrier historique : avec le café, on apporta sur le plateau un joli sucrier en argent, au ventre rebondi artistiquement ciselé.

— Regardez-le mieux... lisez !

Et l'examinant plus attentivement, je vis gravés sur le vase des noms.

— Ce sont les amis qui m'ont fait l'amitié de venir prendre un morceau de sucre là-dedans.

Je lus, impressionné :

Victor Hugo, Emile Augier, Marie Dorval, Alf. de Vigny, Potier, Th. Gautier, Rachel, J. Janin, Alf. de Musset, G. Sand, Duprez, Ponsard, G. Planche, Mars, Alex. Dumas, Mlle Georges, Auber, Mounet-Sully.

Je devins alors tout triste, en songeant devant ces grands noms touchés par la gloire que le mien n'y figurerait jamais !...

Aussi, ce jour-là, je bus mon café sans sucre.

Jusqu'à son dernier souffle, Luguet conserva un appétit incroyable. Quelle admirable fourchette ! et si j'osais, j'ajouterais, quel verre inépuisable ! car il buvait sec. Absorbant sans être ému deux bouteilles à son repas (et pas de l'eau de Vichy !), du café deux fois par jour, son apéritif à six heures, au café de Suède (rendez-vous des comédiens du boulevard), ce vieillard peu ordinaire était insatiable. Levé tôt, couché tard, faisant ses courses à pied, ou grimpant lestement sur l'impériale d'un omnibus, même à quatre-vingts ans passés, il arrivait au Palais-Royal à midi, en sortait à cinq heures, pour y revenir à sept.

Et quittant le théâtre à minuit, il lui arrivait souvent de s'arrêter en route pour souper dans une brasserie avec un camarade. Aussi, quand on lui demandait à quel moment il apprenait ses rôles, il répondait :

— La nuit.

Donc, la table avait pour Luguet une importance capitale. Chansonnier charmant (nous l'avons dit), il consacrait les droits d'auteur que lui valaient ses productions à un « bon gueuleton », pour employer sa propre expression. Tous les trimestres, il s'allait attabler chez un traiteur de marque et s'en fourrait, fourrait, jusque-là, sans la musique d'Offenbach. Sa santé lui permettait ses excès de table.

Appréciant, comme il convient, mets savoureux et boissons généreuses, il dit, un jour, à sa cuisinière, entrée de la veille à son service :

— Ma fille, voici sur cette grande feuille de papier que j'ai divisée en deux colonnes la liste des plats que j'aime et celle de ceux que je déteste. Il vous sera donc facile de me contenter. Je vais vous la coller sur le mur pour que vous ne la perdiez pas de vue.

— Bien, monsieur.

Le lendemain, Rosalie sert à son maître un plat de son agrément auquel, souriant, il fit largement honneur ; le surlendemain, elle apporte sur la table un étrange ragoût qui fit grimacer le patron.

— Bah ! elle s'est trompée !... pour une fois, ne la grondons pas.

Le jour suivant, plat préféré. Très bien. Mais comme le

lendemain, Rosalie présentait une ratatouille au parfum mal odorant, Luguet se mit dans une colère bleue :

— Ah ! ça, ma fille, vous le faites exprès !... je vous ai donné la liste des plats que j'aime... vous n'avez qu'à la consulter, que diable !.. regardez-la...

— Je la regarde bien, monsieur, mais... je ne sais pas lire !

Inutile d'ajouter que le bon maître congédia promptement cette gourde de servante mais non sans l'avoir, au préalable, nantie d'un certificat... comme il avait l'art de savoir les trousser.

A l'époque de ce joyeux Luguet, quand un maître renvoyait sa domestique, il lui faisait un certificat constatant avec ses qualités, si elle en possédait, le motif du renvoi...

Tandis que de nos jours, nous n'avons plus que le droit strict de formuler : « Adèle Ribouis est entrée à mon service le 1er janvier, et m'a quitté le 9 du même mois. »

Ne vous avisez pas d'ajouter : « avec mes bijoux et quelques vêtements »! même la chose étant vraie, vous vous attireriez les plus grands ennuis et — pour le moins — une réprimande sévère de la part du commissaire de police (Allez ! et ne recommencez pas !).

René Luguet, chez lequel la fantaisie ne perdait jamais ses droits, établit ainsi, un jour, le certificat d'un de ces doux êtres qui empoisonnent notre existence :

Je déclare bien volontiers que Victoire Lanouille est restée chez moi, en qualité de bonne à tout faire, presque une quinzaine de jours et je constate, en toute franchise que, pendant ce laps, je n'ai eu qu'à me louer d'elle et de son service ! Plus travailleuse qu'un nègre, elle cuisine mieux que Vatel ; sa propreté humilierait un sou neuf; son économie rendrait des points à celle de ce dépensier d'Harpagon ; son exactitude est inconnue des horloges pneumatiques ; elle ignore le mensonge, est plus sobre que l'animal du désert, ne boit que de l'eau... bref, elle possède toutes les qualités au point que me reconnaissant indigne de posséder un tel trésor, j'ai préféré m'en séparer, bien qu'il m'en coûte énormément. En foi de quoi, je lui délivre, les larmes aux yeux, ce certificat qui lui servira à trouver tout de suite une place chez un meilleur maître.

René LUGUET.

. . . .

Et Victoire Lanouille retournait, ravie, au bureau de placement.

CHAPITRE XVI

Aie un duel. — Remerciement du noyé. — Dans l'espace. — Comment on jouait jadis, comment on joue aujourd'hui.

Après la cuisinière, la cuisine... autrement dit la nourriture. Lorsque l'on invitait Luguet à déjeuner (il n'acceptait jamais de dîner en ville... à cause de son théâtre... le devoir avant tout !) et qu'on croyait devoir ajouter, selon l'habitude de bien des gens :

— Et vous savez... entre nous... sans cérémonie !

Notre homme qui possédait un appétit d'ogre rectifiait invariablement, mi-sérieux, mi-blagueur :

— Non ! je préfère avec cérémonie... ce sera meilleur !

. . . .

Très galant avec les dames, il détestait les vieilles femmes et fuyait les duègnes avec empressement. Par exemple, avec les hommes qui l'agaçaient, il n'était pas long à les remettre à leur place — une mauvaise — car, chez ce vieux Parisien (né en 1813) restait du mathurin, un mathurin batailleur, au langage... imagé. Il ne fallait pas lui échauffer les oreilles, sans quoi il retroussait tôt ses manches, et sa poigne se faisait sentir énergique. C'est ainsi qu'il dit, un jour, à son frère Henri qu'il aimait beaucoup et dont la nature était plus calme :

— Aie un duel... pour montrer que tu n'as peur de personne.

— Mais...

— Je t'en ferai avoir un, moi.

Et, le lendemain, au café, il interpelle un jeune officier, en lui désignant son frère :

— Pourquoi regardez-vous, monsieur, comme ça ?

— Je ne le regarde pas.

— Mais si.

Et, de fil en aiguille, la discussion s'envenimant, un duel au pistolet s'ensuivit.

. . . .

Mais René s'entendit avec les témoins..., on enleva les balles. Le courage d'Henri fut constaté, l'honneur, satisfait... et René itou. Quant à son courage, à lui, René, il n'est plus à démontrer. Il nous en a donné lui-même maintes preuves. Il lui valut une fois comme remerciement un mot bien typique.

Un jour que Luguet, amoureux de la nature, était allé déjeuner avec son frère dans une guinguette de Poissy, au bord de la Seine (vous voyez d'ici la charmille), il aperçoit tout à coup un homme tomber à l'eau.

Sans chercher à savoir si le malheureux sait nager, sans réfléchir que, interrompre son repas pour prendre un bain n'est pas absolument recommandé par la Faculté de médecine, René se lève soudain, plonge, sauve le type, le ramène sur la berge, puis, ruisselant, se sèche, se rhabille... et se remet à table.

Or, comme on disait au simili-noyé, en lui désignant Luguet : Voici votre sauveur ! le bonhomme s'avance vers le régisseur du Palais-Royal et lui balbutie :

— Je vous remercie bien, Monsieur, de votre complaisance !

Possédant une force herculéenne, s'il n'en abusait pas, il en usait à l'occasion — occasion qu'il ne recherchait pas, mais qu'il n'aurait évitée pour rien au monde.

Justement fier de sa profession, il n'eût pas fait bon la dénigrer devant lui, risquer la moindre critique sur la vie privée de l'acteur.

Un jour, par exemple, un journaliste, mal inspiré, eut l'imprudence de s'attaquer aux comédiennes, de déplorer hypocritement « leurs mœurs dissolues... ». Luguet, sans même prendre le temps de finir l'article, alla trouver le plumitif dans son bureau, au journal, ouvrit en grand la fenêtre, prit le monsieur au collet et le tenant suspendu dans le vide, l'obligea à déclarer sur l'honneur que Marie Dorval, sa belle-mère, et Marie Laurent, sa sœur, étaient à l'abri de tout soupçon injurieux.

En cette posture inquiétante, le critiquaillon obtempéra incontinent.

Il ne s'agit pas ici de pleurer sur le passé, nous n'ignorons pas qu'on traite toujours le *laudator temporis acti* de vieux raseur, nous n'envions donc pas cette épithète.

Tout a changé, le théâtre comme le reste.

Autrefois, les artistes sortis pour la plupart du peuple, n'ayant par conséquent ni instruction ni éducation se « faisaient » eux-mêmes, à force de travail, d'application, de réflexion. D'humbles commençants, ils parvenaient à la longue à la notoriété. De derniers sur l'affiche, ils conquéraient doucement la première place. On se souvient que Frédérick Lemaître, le grand Frédérick, qui fut dans le drame ce que Talma avait été dans la tragédie ; Frédérick Lemaître, ce génial acteur, créateur de *Ruy Blas*, débuta dans la peau d'un ours aux Variétés amusantes, du Boulevard du Crime, en une pantomime : *Pyrame et Thisbé.*

Les anciens comédiens ne pontifiaient pas, ils jouaient avec leur nature et si la simplicité de leur jeu n'était pas leur première qualité il ne fallait en accuser que le texte qu'ils avaient à dire.

Comment, en effet, ces acteurs, même ceux qui avaient beaucoup de talent, eussent-ils pu dire simplement des phrases de ce genre...

Bernard, le jeune premier de la *Maison du Baigneur*, s'adresse à sa fiancée : « Merci, mademoiselle, merci de me causer tant de joie dans cette chambre où j'ai tant pleuré ma mère ! »

Dans *La Tour de Nesle,* Buridan dit dans sa prison : « Ces murs étouffent les sanglots et absorbent l'agonie ! »

Et plus près de nous, Taillade s'écriant avec force gesticulation dans les *Deux Orphelines* : « Il connaît le secret de mon âme... et il demande si j'oserais ! »

Je sais bien que les auteurs de ces bons mélos auraient pu citer pour leur défense ce vers tragique :

Ces murs mêmes, Seigneur, peuvent avoir des yeux !

Oui, mais voilà ! cet alexandrin est de Racine !

Le public avalait ces phrases ébouriffantes comme du petit lait, parce que l'acteur qui les lançait possédait avant tout la foi ! la foi qui soulève les montagnes ! et le spectateur qui aurait eu la fâcheuse idée d'en rire se serait immédiatement fait « cueillir » par ses voisins.

Les tragiques avaient l'habitude de ponctuer leurs étranges répliques en frappant énergiquement le plancher d'un sonore coup de talon. Chaque fin de tirade ainsi soulignée soulevait invariablement la poussière et les applaudissements.

Plus l'acteur de mélo vibrait, plus il se croyait vibrant.

La question costume avait pour lui une énorme importance. Frédérick chercha longtemps avant de les trouver ses haillons de *Robert Macaire*. C'est au Temple que Paulin Ménier dénicha l'accoutrement de Choppart, dit l'Aimable. Quant à Mélingue qui apportait toujours un rare cachet de distinction dans tous ses rôles et, en peintre de talent, une véritable originalité de composition, lorsqu'il jouait, il arrivait au théâtre trois ou quatre heures avant la représentation, se grimait, s'étudiait dans la glace ; aussi chacune de ses créations présentait au public un personnage complet, tout d'une pièce, bien vivant dans le vêtement exact et précis qui devait le compléter.

D'ailleurs, sans remonter à cette déjà lointaine époque, nous nous rappelons au Théâtre-Français Delaunay et Madeleine Brohan qui arrivaient au théâtre à cinq heures et demie..., il est vrai qu'on levait le rideau à sept heures. Ils s'habillaient lentement ; après quoi, ils se recueillaient silencieux jusqu'à la sonnette d'alarme, je veux dire jusqu'à l'appel de l'appariteur : « On va commencer ! »

Quant à la façon de jouer la comédie, la différence entre hier et aujourd'hui est considérable, surtout en ce qui concerne l'interprétation des pièces comiques.

Quand on songe au jeu des anciens acteurs du Palais-Royal, à leurs tics, leurs procédés immuables, leur maquillage excessif, leur garde-robe excentrique, à tout ce qui composait enfin leur personnalité et qu'on voit sur cette même scène jouer les artistes actuels, on n'en peut croire ses souvenirs. Et cependant !

Le maquillage ! Jamais autrefois, un artiste du Palais-Royal ne serait entré en scène sans avoir le chef recouvert d'une perruque blonde ! Si un vaudeville comportait huit artistes hommes, il y avait huit blonds dans la pièce. Je garantis le fait. La barbe à crochet existait encore. Pauvres comédiens !

En ce temps-là, le directeur n'aurait pas permis à un comédien de jouer un amiral, un Anglais, un avocat ou un notaire sans favoris. Mon regretté camarade — plein de talent ! — Boisselot a gardé à la ville, toute sa vie qui fut longue, deux pattes de lapin, le long des joues. Quant aux vêtements, c'étaient... des costumes, de véritables costumes « du magasin ». En ai-je vu de ces pantalons à carreaux ou à raies, de ces ineffables petites jaquettes de couleur, de toutes les couleurs !

Nous nous souvenons d'un lever de rideau intitulé *La Dame aux giroflées* dans lequel le rôle du domestique créé par Lassouche servait toujours de début aux nouveaux engagés. Grands ou petits, gros ou maigres, tous les artistes de ce théâtre ont joué ce larbin avec le pet-en-l'air de la création. Si un « indépendant » avait voulu entrer en scène avec un veston de sa propre garde-robe, il eût immanquablement occasionné une petite révolution. Les perruques, les cartonnages du père Brasseur sont légendaires. Jusqu'en ces dernières années,

Albert, en souvenir sans doute de son amour filial, s'en servait à l'occasion.

Eh! bien, et la mise en scène ? Jamais Geoffroy, qu'on appelait dans la coulisse le père 48.000... — parce qu'il gagnait annuellement cette somme, qui, à cette époque représentait une réelle fortune, — jamais Geoffroy ne se mouvait. Ceci demande une explication.

Geoffroy, grand comédien, créateur de *Mercadet*, au Gymnase, Geoffroy, l'étoile du Palais-Royal, où tous, directeurs, artistes, auteurs, personnel l'entouraient d'un respect profond, était assez ventru. Aussi, lorsqu'il entrait en scène, il descendait devant le trou du souffleur, face au public, et ne bougeait pour ainsi dire jamais de cette place. Lorsque l'action nécessitait un changement de situation, les autres personnages tournaient autour de lui; mais lui ne bronchait pas! *il restait au milieu !*

Tout cela, évidemment semble un tantinet ridicule aujourd'hui; mais quoi! c'était ainsi! Ajoutons d'ailleurs que le texte non seulement se prêtait à ces étranges façons, mais encore les imposait. Dans combien de pièces le comédien pouvait-il lire sur son rôle : (au public) *Je ne sais pas si vous êtes comme moi...*

A qui voulez-vous donc qu'il s'adressât sinon au public ?

Quant aux apartés, ils abondaient à chaque réplique.

Il est certain que si la fantaisie a un peu perdu à ces modifications, la vérité y a beaucoup gagné.

Le naturel, la simplicité, la sincérité, la conviction sont les très précieuses qualités qu'on trouve actuellement chez presque tous les comédiens de Paris.

Je n'entends évidemment pas par là qu'autrefois il n'y eut pas de grands artistes, ce serait absurde. Il y en eut, de tous temps certes! et beaucoup et dans chaque théâtre; mais ils étaient pour ainsi dire isolés..., les ensembles n'atteignaient pas comme de nos jours cette quasi-perfection que la presse constate au lendemain de chaque première.

Il n'est d'ailleurs pas rare d'entendre, à la sortie des théâtres, des spectateurs s'écrier — même s'ils ne sont pas tous enthousiastes de la pièce : Quelle admirable interprétation ! Ah ! si ça n'était pas joué comme ça !

A notre époque, les comédiens se recrutent pour la plupart dans la bourgeoisie, beaucoup passent par le Conservatoire où ils sont entrés souvent bacheliers. Quelques-uns firent leur droit ou leur médecine avant « de fouler les planches ». En tous cas, quantité d'artistes dramatiques ont une certaine culture et comprennent aisément les textes les plus subtils qu'ils ont à dire. Autrefois, on comptait les comédiens capables d'écrire, aujourd'hui, on ne les dénombre plus : ils sont trop !

Jadis, chaque artiste cherchait, avant tout, à tirer son épingle du jeu, à obtenir son succès personnel, en tous cas, à ne pas passer inaperçu, se souciant fort peu de l'œuvre et de l'auteur. Et pourtant, à cette époque où le comédien appartenait à son théâtre pour plusieurs années, il n'avait pas à se préoccuper d'une nouvelle création retentissante devant lui amener un autre engagement immédiat. Les tireurs de couverture n'étaient pas rares, tandis que, de nos jours, tout en pensant à conquérir un succès particulier, ce qui est bien naturel, le comédien a le visible désir de faire réussir la pièce qu'il joue, surtout si l'auteur est jeune. Il s'intéresse à lui comme à un frère cadet, s'attache à son œuvre qu'il fait sienne et met tout son savoir, son ardeur, sa foi à obtenir pour le débutant le gros succès qui lui ouvrira grandes les portes de la gloire. A la fin de la pièce, quand le principal artiste s'avance à la rampe pour l'annonce traditionnelle, il faut voir sa réelle émotion ! Dans ses yeux qui brillent, comme on lit clairement le plaisir qu'il éprouve du triomphe de l'auteur ! Il semble en être aussi heureux que de son succès personnel. Et si le public réclame « l'auteur ! l'auteur ! » comme il court vite le chercher ! quelle insistance il apporte à le décider ! comme il le traîne enfin par la main au milieu de ses interprètes paraissant dire aux spectateurs :

« Le voilà le seul qu'il faut applaudir ! »

Je ne suis pas très sûr que Geoffroy jadis eût éprouvé semblables sentiments.

Donc, tout en gardant un souvenir attendri de nos anciens, en respectant le passé, estimons le présent, apprécions nos contemporains comme ils méritent de l'être et crions : Vivent notre époque et les acteurs modernes!

Luguet avait la coquetterie de teindre ses cheveux assez abondants ; mais la teinture qu'il employait, de qualité inférieure, passait régulièrement du noir d'ébène au brun acajou, puis du violet au lilas. Il devait acheter ce liquide chez un marchand de couleurs, ayant pour enseigne : à l'Arc-en-ciel !

En vrai Roger Bontemps qui prend la vie comme elle vient et dont la devise est : « Après nous, le déluge » ! Luguet, s'imaginant toujours qu'il ferait la nique à Mathusalem, répondait à ceux qui lui demandaient le secret de sa merveilleuse vieillesse et quels moyens il avait employés pour conserver son opulente santé :

— Mon Dieu, c'est bien simple ! je mange tout ce qui me plaît, je bois d'excellents vins, je dors peu et je marche beaucoup. Voilà ma recette et j'espère qu'elle me fera vivre vieux... ; cependant quelque chose me dit que je n'en ai plus que pour cinquante ans !

Il était tellement sûr de parvenir jusqu'à un âge très avancé qu'un soir, il me dit, au cours d'une conversation :

— Mon cher, vous me reparlerez de ça dans douze ans et vous me direz : Luguet, vous aviez raison !

Et à ce moment-là, il avait quatre-vingts ans passés!

D'ailleurs, quand il venait s'habiller pour les *Fêtards*, la dernière pièce qu'il a créée au Palais-Royal, à quatre vingt-six ans (avec toutes ses dents), pièce dans laquelle il jouait le doyen des abonnés de l'Opéra, il arrivait de bonne heure, dans sa loge, pour se faire des rides, pensant que les siennes ne suffiraient pas !

Pourtant, un soir de décembre, il prit froid. Ses amis s'inquiétèrent, vu son âge, et lui conseillèrent de garder la chambre... ce qu'il fit... trois jours de suite, mais le quatrième n'y tenant plus, il sortit pour aller.. à son théâtre. Et à tous les reproches amicaux qu'on lui adressait, il répondait invariablement : « Je m'ennuyais... je ne peux pas me coucher de bonne heure. »

Néanmoins, il dut se résigner à abandonner ses chères planches. Son départ donna lieu à une touchante cérémonie, d'un caractère tout intime. Pendant un entr'acte, directeurs, artistes, personnel réunis au foyer, lui firent leurs adieux. Tous étaient profondément émus et le dernier mot du vieux comédien, en serrant les mains qui se tendaient vers lui fut : « Je reviendrai vous voir. »

Il tint parole plusieurs fois.

Médaillé d'honneur de la Société d'Encouragement au bien pour cinquante ans de probité professionnelle et de dévouement, Luguet entra à la maison de retraite Galignani où il termina ses jours dans la quiétude et le repos.

Venant tous les jours à Paris, le plus souvent à pied et, le soir, déridant les pensionnaires de cette charitable maison par son entrain, sa gaîté, ses chansons, il s'éteignit le 26 mars 1904, à quatre-vingt-onze ans et un mois.

Tel fut René Luguet qui certainement eût été un des premiers comédiens de Paris, si l'esprit suffisait pour réussir au théâtre, mais l'esprit est complètement inutile à un acteur ; Catulle Mendès allait même jusqu'à prétendre qu'il lui nuisait... et Catulle Mendès n'exagérait jamais..., il était de Bordeaux — comme moi.

CHAPITRE XVII

Lettre à Céline Chaumont. — Son dernier rôle. — Fin d'une longue vie.

René Luguet dont la fantaisie — on l'a vu — était gaillarde et volontiers grivoise savait à l'occasion trouver la note émue en ses écrits. Comme preuve de cette sentimentalité, voici un passage extrait d'une lettre adressée à sa camarade Céline Chaumont pour laquelle il professait un véritable culte, une admiration profonde :

. . . .

Un fort aimable voisin me dit : Vous devriez vous fixer dans notre pays; si la pêche y est mauvaise, l'air y est excellent, on y vit très vieux... j'ai dans mon canton un spécimen de la longévité des artistes... un vieux philosophe plein de gaîté et de santé malgré ses quatre-vingt-quatre ans ! il vit seul à l'ombre des beaux arbres qu'il a plantés, il y a trente ans... il cultive un potager qui lui suffit. Il vient deux fois par semaine pour sa boucherie et remonte vers son asile ; on le voit quelquefois assis sur le pas de sa porte, lisant son *Petit Journal* qu'il repasse à un voisin des champs moyennant trois centimes et tout est dit.

— Vous êtes sûr que c'est un vieil artiste ? — J'en suis sûr. — Savez-vous son nom ? — Oui et non, c'est-à-dire qu'il se fait appeler M. Henri..., ce qui n'est qu'un indice vague, on ne le désigne que comme le plus vieux du pays... mais on assure qu'il fut jadis attaché longtemps à un théâtre de Paris...

— Eh bien, répliquai-je, je ne sais ce qu'il adviendra ; mais je couche ici et demain matin à cinq heures, je me mets en route pour la grotte de cet ermite, et pour peu que son nom ait été trois fois sur une affiche, je suis sûr de retrouver une connaissance... peut-être un ami... A cinq heures, j'étais debout... il s'agissait de faire huit kilomètres sans chemin de fer ni voiture... bah !... allons-y !... et à sept heures, je frappais à la porte d'une petite maisonnette... je sonne vigoureusement une seconde fois. Eh ! là-bas ! cria-t-on, donnez-moi le temps d'arriver.

Le coup d'électricité m'arrivait en pleine poitrine au son de cette voix ! c'était mon brave et regretté *Masson* qui fut pendant vingt ans un modeste artiste du Palais-Royal, aimé et estimé de tous et qui, un beau matin nous dit : J'en ai assez de Paris avec ses révolutions... ses politiques, son tapage... j'ai un petit morceau de pain, bonsoir ! et il était parti sans dire où il allait... Jamais on n'eut de ses nouvelles... on le croyait mort depuis longtemps, car il avait cinquante ans et nous sommes en 1884.

Enfin, il ouvre la porte et me regarde fixement avec un petit tremblement des lèvres... je lui tends les deux mains avec une joyeuse émotion... en lui disant : Eh ! ben, quoi !.. Ah ! c'est René ! dit-il d'une voix étouffée, en tombant dans mes bras... et ne cessait de répéter en passant la main dans ses beaux cheveux blancs... « Ah ! mon vieux René ! ça fait du bien tout de même de se revoir après trente ans... Ça mouille les yeux mais ça rafraîchit le cœur... viens t'asseoir là, mon vieux René... et buvons un coup... j'ai là un vieux bourgogne dont je bois une bouteille à chaque anniversaire de ma naissance, nous en boirons deux ! Car, il va falloir arroser bien des souvenirs... » et nous avons commencé la grande chanson des *T'en souviens-tu ?* tantôt émus, tantôt riant aux éclats... car si cette époque fut accidentée pour moi, sa vie ne fut pas moins bizarre que la mienne.

Il tenait en même temps que l'emploi d'utilité — chef des chœurs au Palais-Royal celui de maître de chapelle et chef du lutrin, à Saint-Roch. Vous vous doutez de ce que ces deux situations ont amené d'incidents cocasses ? Il avait parfois, à la même heure, grande cérémonie à Saint-Roch et répétition générale au Palais-Royal...; que de fois il est venu chanter le *Cotillon de Frétillon* entre deux *Requiescat in pace.*

Un jour, il y eut chez nous une répétition générale, en costume, pour une grande pièce Louis XV où il était en garde-française avec perruque à frimas. Il était tout harnaché, lorsque arrive, haletant, un bedeau qui lui dit : « Mais, monsieur Masson, venez vite ! on vous attend pour la messe en plein chant commandée ! il s'agit d'un « saumon » (*saumon* se dit, en langage de sacristie pour un service funèbre où le décédé est dans un cercueil de *plomb,* ce qui indique un riche et une bonne recette pour l'œuvre).

Voilà mon Masson qui calcule que n'étant pas du premier acte, il a le temps d'aller expédier le *saumon,* il s'affuble de la soutane et du surplis qu'il avait apportés en cas d'alerte, et il part, en courant, au grand ébahissement des boutiquiers voyant sortir ce personnage du théâtre Montansier. La messe commence et chaque fois que le chapitre entonnait ses psaumes, Masson pressait, pressait... cela tournait à la polka.... le curé, subissait sans s'en rendre compte le mouvement, pressait aussi ses génuflexions à tel point que les bigotes disaient tout bas : M. le curé donne sans doute à déjeuner à un épiscopal d'importance, car je ne peux pas le suivre... il a sauté un *veni creator*... Enfin, le chœur final à peine terminé, Masson se sauve comme un voleur, mais ne pouvant ôter sa soutane, car elle couvrait le garde-française.

Il arrive au théâtre, en courant et grimpe vite... Masson !

Masson ! criait-on de toutes parts, c'est à toi pour le chœur des gardes ! on lève le rideau !

— Nom de Dieu ! dit-il en arrachant la perruque des mains du coiffeur !... Mais la toile s'élève... Masson se précipite, et on voit un curé attablé avec six gardes-françaises, chantant, le verre en main :

> A la santé d'la bell' Suzon !
> Buvons à gorge pleine,
> Fichons-nous du qu'en dira-t-on.

Vous voyez d'ici la tête des auteurs dans la salle ? et nous, de nous tordre dans la coulisse...

Il y aurait un volume à raconter !

Jusqu'au bon et vénérable curé de Saint-Roch qui aimait les artistes et fermait les yeux sur cette anomalie. Cependant, un jour, rencontrant M. Dormeuil, notre directeur, dans le jardin du Palais-Royal, il lui dit :

— Mon cher monsieur le directeur, je vous serais très reconnaissant si vous vouliez bien ne pas retenir Masson au delà des heures de service, j'ai aussi à diriger l'Eglise... il faut nous entr'aider...

— Mais monsieur le curé, lui répondit papa Dormeuil, vos morts peuvent attendre un peu et il n'en est pas de même de mon public...

— Je vous passe les morts, dit finement le curé, mais j'ai aussi les mariages et ce public-là est encore plus impatient que le vôtre...

. . . .

Enfin, tous deux rajeunis de trente ans et mis en belle humeur, nous trinquâmes comme deux francs bourguignons, au souvenir de notre ardente jeunesse... que de vide dans ce beau calendrier !... n'importe, malgré ce grain de mélancolie, j'ai trouvé là une des plus charmantes et des plus émouvantes journées de ma vie.

Mais le temps passait... il fallait partir... nous nous sommes pris les deux mains... sans oser nous dire : « Quand nous reverrons-nous !...», car nous pensions tous deux la même chose... et nous ne voulions pas le dire... notre serrement de mains à nous faire craquer les doigts... pendant que nous nous regardions, les yeux rougis... en disait assez.

La porte s'est refermée sur moi.

S'il a écouté le bruit de mes pas... la lenteur de ma démarche a dû lui faire comprendre avec quels regrets je m'éloignais de lui !

Ah ! ma chère Céline, que c'est bon de sentir que l'on a quelque chose qui bat dans la poitrine !..

J'ai arpenté de nouveau mes huit kilomètres, mais cette fois sans m'en apercevoir... car j'avais pour compagnon de voyage le cortège ensoleillé de tous ceux qui m'ont aimé jadis..., ce qui me console de ceux qui ne me comprennent pas aujourd'hui.

Et c'est parce que je vous sais accessible à tout ce qui vient du cœur, que je vous ai lourdement raconté cette délicate et touchante anecdote.

J'y ajoute l'expression d'une profonde sympathie et je serre la main de mon ami Mussay.

René LUGUET.

LIGNES INDISPENSABLES

N'ayant pu deviner pour écrire ces notes les dates des faits, les noms, prénoms des membres de cette grande et belle famille, les villes où ils séjournèrent, les titres des pièces qu'ils jouèrent, etc., etc., j'ai dû consulter :

Profils de théâtre, de Jules Claretie.

Dictionnaire des Comédiens français, de Henry Lionnet.

Mémoires d'une Danseuse de corde, de Paul Ginisty.

Souvenirs de Marie Laurent, écrits par elle-même, dans les *Annales,* il y a vingt-cinq ans, et que je dois à l'obligeance de mon ami Pierre Brisson. Malheureusement, ces mémoires très intéressants ont été brusquement interrompus par la maladie et la mort de l'auteur.

En ce qui regarde René Luguet, je fus aidé dans mon travail par sa fille, ma vieille et respectable amie, Marie Luguet, par des notes qu'il écrivit lui-même et par... mes souvenirs personnels, ayant eu la joie d'avoir Luguet pour régisseur général au théâtre du Palais-Royal pendant plusieurs années.

Enfin, les renseignements sur Henri Luguet m'ont été fournis par son fils, mon cher ami Maurice Luguet.

C'est assez dire si on peut s'en rapporter à l'authenticité de ce récit rédigé sans prétention, mais dans l'espoir — hasardeux — d'intéresser les gens de théâtre... et peut-être les autres.

TABLE DES MATIÈRES

CHAPITRE VI

CHAPITRE VII

CHAPITRE VIII

CHAPITRE IX

CHAPITRE X

CHAPITRE XI

TABLE DES GRAVURES

Fontenay-aux-Roses. — 1928.
Imp. des *Presses Universitaires de France*. — Louis Bellenand. — 1.090.

www.ingramcontent.com/pod-product-compliance
Ingram Content Group UK Ltd.
Pitfield, Milton Keynes, MK11 3LW, UK
UKHW022024170726
13837UKWH00001B/375